어린이 사회형사대 CSI ❿

초 판 1쇄 발행 2017년 11월 8일
개정판 1쇄 발행 2025년 4월 25일

지은이 고희정
그린이 김준영
감　수 김영택 류호진

펴 낸 곳　(주)가나문화콘텐츠
펴 낸 이　김남전
편 집 장　유다형
편　　집　이경은
디 자 인　양란희
외부디자인　손성희
마 케 팅　정상원 한웅 정용민 김건우
경영관리　김경미

출판 등록 2002년 2월 15일 제10-2308호
주　　소　경기도 고양시 덕양구 호원길 3-2
전　　화　02-717-5494(편집부) 02-332-7755(관리부)
팩　　스　02-324-9944
홈페이지　ganapub.com
이 메 일　ganapub@naver.com

ⓒ 고희정, 2017

ISBN 978-89-5736-930-2　(74300)
　　　978-89-5736-685-1　(세트)

＊ 책값은 뒤표지에 표시되어 있습니다.
＊ 이 책의 내용을 재사용하려면 반드시 저작권자와 (주)가나문화콘텐츠 양측의 동의를 얻어야 합니다.
＊ 잘못된 책은 구입하신 서점에서 바꾸어 드립니다.
＊ '가나출판사'는 (주)가나문화콘텐츠의 출판 브랜드입니다.

- 제조자명 : (주)가나문화콘텐츠
- 주소 및 전화번호 : 경기도 고양시 덕양구 호원길 3-2 / 02-717-5494
- 제조연월 : 2025년 4월 25일
- 제조국명 : 대한민국
- 사용연령 : 4세 이상 어린이 제품

글 고희정 그림 김준영
감수 김영택 · 류호진

등장인물

고영웅
(일반 사회 형사)

온 동네일에 참견하길 좋아하는 오지랖 넓은 아이. 그 덕분에 어려움에 처한 친구들을 많이 도와준다. 공부는 사회 말고는 그저 그런 편. 이름처럼 사회를 이롭게 하는 영웅이 되고 싶어 한다.

경제인
(경제 형사)

뭐든지 돈으로 따지는 계산적인 아이. 그런데 영웅이와 관련되면 자꾸 손해 보는 일을 하게 된다. 부모님이 이혼해 할머니와 함께 산다. 장래 희망은 돈을 많이 버는 것.

백두산
(지리 형사)

부모님을 따라 대한민국 방방곡곡 안 가 본 데가 없는 아이. 장래 희망은 여행 작가가 되는 것이다. 어딘가에 구속되는 걸 싫어하며, 못하는 운동이 없는 만능 스포츠맨이다.

문하재
(역사 형사)

큰 키와 짧은 머리, 낮은 목소리까지, 얼핏 보면 남자아이 같은 여자아이다. 종갓집에 무남독녀 외동딸로 태어나 어릴 때부터 아들처럼 키워졌다. 장래 희망은 국가유산 연구원.

정치국
(정치 형사)

할아버지는 전직 국회의원, 아빠는 검사, 엄마는 대학 교수. 할아버지 덕분에 정치에 해박한 지식을 갖고 있다. 장래 희망은 대통령. 집안, 공부, 외모, 어느 것 하나 부족한 게 없다고 생각해 모든 일에 거침이 없다.

그 외 등장인물

이상해 형사

영웅이 엄마

영웅이 아빠

고사리
(영웅이 여동생)

고민자
(영웅이 고모)

어수선 교감
(어린이 형사 학교)

공차심 교장
(어린이 형사 학교)

차례

선배들의 조언 6

사건 1 **백골 사체의 출현** 12
    핵심 학습 주제 – 자연재해의 종류와 원인
    두산이가 들려주는 사건 해결의 열쇠 48

사건 2 **수상한 표식** 52
    핵심 학습 주제 – 지역의 갈등 해결
    영웅이가 들려주는 사건 해결의 열쇠 86

사건 3 **겨울밤의 강도 사건** 90
    핵심 학습 주제 – 소비자의 권리와 책임
    제인이가 들려주는 사건 해결의 열쇠 126

사건 4 **졸업 여행, 아니 졸업 시험!** 130
    핵심 학습 주제 – 신라의 골품 제도와 화랑도
    하재가 들려주는 사건 해결의 열쇠 160

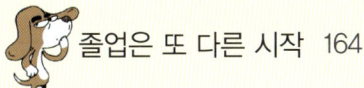
졸업은 또 다른 시작 164

- 특별 활동 : CSI, 함께 놀며 훈련하다! 170

- 찾아보기 및 정답 180

핵심 학습 주제 **자연재해의 종류와 원인**

일반 사회 | **지리** | 역사 | 경제 | 정치

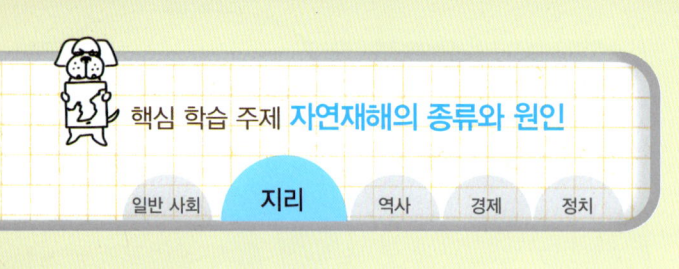

백골 사체의 출현

"이장님, 왜요? 무슨 일 났어요?"
이장이 숨을 헐떡이며 당황한 표정으로 말했다.
"강가에 이상한 뼈가 있어요."
"이상한 뼈요?"

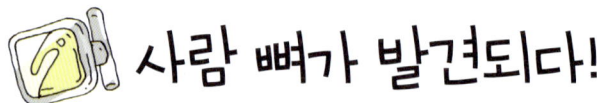 ## 사람 뼈가 발견되다!

다음 날 아침, 식사 시간. 치국이는 하재가 자기 옆에 앉을까, 안 앉을까 두근거리며 기다렸다. 그런데 하재가 방에서 나오더니 반대편으로 빙 돌아가는 게 아닌가.

'싫다는 건가?'

치국이의 가슴이 덜컥 내려앉았다. 분명히 하재도 자신을 좋아하는 것 같았는데 왜 싫다는 걸까? 속상한 마음에 고개를 푹 숙이는데, 그때 옆에 누군가 와서 앉는 것이다. 슬쩍 바라보니, 바로 하재였다. 치국이가 깜짝 놀라 쳐다보자, 하재가 장난스럽게 웃으며 어깨를 으쓱했다. 치국이를 놀라게 하려고 일부러 장난을 친 것. 치국이의 얼굴도, 하재의 얼굴도 빨개졌다.

그 순간을 놓치지 않고, 어 교감이 물었다.

"너희 둘, 뭐하냐?"

"네? 아, 아니에요."

둘이 놀라 동시에 대답하자, 요리가 씩 웃으며 말했다.

"왜요? 보기 좋은데요. 호호호."

치국이와 하재의 얼굴이 더 빨개졌다. 두산이가 분위기를 파악하고 놀라 물었다.

"뭐야? 둘이 사귀기로 한 거야?"

"아, 아니. 그게 아니라……."

하재가 손을 내저으며 부인하자, 치국이가 용기를 내어 말했다.

"네. 저희 방금 사귀기로 했어요."

"와우!"

모두 놀라 소리를 질렀다. 공 교장이 진지한 표정으로 말했다.

"서로 좋아하는 마음은 이해하지만 학생 신분임을 잊지 말도록!"

"네!"

하재와 치국이가 대답했다. 아침 식사 자리는 둘을 놀리는 재미가 더해져 더욱 즐거웠다. 그런데 아침상을 치우고 나자, 혜성이가 말했다.

"저희는 그만 올라가 봐야 할 것 같아요. 내일 오전에 미국으로 가야 해서요."

달곰이도 나섰다.

"저도요. 곧 개강이라 강의 준비도 해야 하고, 내일 교수 회의도 있어서요."

"그럼 저희도 함께 일어날게요."

공 교장도 나서자, 박 교장이 말했다.

"그래, 바쁜데 어서들 가라. 다들 시간 내어 와 줘서 고맙다."

모두 아쉬운 작별을 해야 할 시간. 아이들은 선배들을 만나 함께 밥도 먹고 진솔한 이야기도 나눌 수 있었던 것이 꿈만 같았다. 아이들에게 잊지 못할 추억이 될 것이다.

그런데 바로 그때였다. 갑자기 대문 쪽에서 다급하게 교장 선생님을 부르는 소리가 들렸다.

"교장 선생님, 교장 선생님! 큰일 났어요!"

모두 놀라서 보니, 할아버지 한 분이 뛰어 들어오고 있었다. 박 교장이 얼른 일어나며 물었다.

"이장님, 왜요? 무슨 일 났어요?"

이장이 숨을 헐떡이며 당황한 표정으로 말했다.

"강가에 이상한 뼈가 있어요."

"이상한 뼈요?"

박 교장이 되묻자, 이장이 대답했다.

"네. 일 나가려고 강가 옆을 지나가는데 뼈다귀 같은 게 보이는 거예요. 웬 소뼈가 여기 있나 싶었는데, 자세히 보니 사람의 뼈인 것 같아요."

사람 뼈라니, 강가에 웬 사람 뼈가 있단 말인가. 박 교장이 나섰다.

"가 봅시다."

모두 이장을 따라나섰다. 박 교장의 집에서 500미터 정도 내려오자, 강이 나왔다. 이장이 강가로 가더니 멀찌감치 서서 강 바로 옆 돌무더기 쪽을 가리키며 말했다.

"저기, 저거요. 사람 뼈 맞죠?"

선생님들과 선배들이 가까이 다가가 살폈다. 그런데 달곰 선배가 보자마자 말했다.

"맞아요. 이건 사람의 골반 뼈예요. 정확하게 검사해 봐야겠지만 성인 여자의 뼈 같은데요."

"우와, 선배님은 어떻게 그렇게 금방 알아요?"

두산이가 놀란 표정으로 묻자, 달곰이가 설명했다.

"남자와 여자의 뼈는 조금씩 다르기 때문에 뼈의 모양을 보면 성별을 알 수 있어. 특히 골반 뼈가 다른데, 여성의 골반 뼈가 남성의 골반 뼈보다 낮고 넓게 생겼어. 바로 이렇게."

뼈만 보고 성별을 알아내다니! 치국이가 감탄하며 말했다.

백골 사체의 출현 17

"맞다! 달곰 선배님, 생물 형사셨죠? 지금은 생물학 박사시고요. 역시 대단하십니다."

달곰이가 쑥스러운 듯 머리를 긁적였다. 공 교장이 아이들에게 지시했다.

"현장, 그대로 잘 보존하고 사진부터 찍어."

"네!"

아이들이 대답하자, 이 형사가 말했다.

"강 위쪽에서 흘러내려온 것 같은데요. 위쪽으로 올라가면서 뼛조각이 더 있는지 찾아봐야 할 것 같아요."

혜성이가 말했다.

"저희들이 찾아볼게요."

"서울 올라가야 한다면서?"

박 교장이 묻자, 요리가 대답했다.

"그냥 가긴 좀 찜찜해서요. 조금만 같이 찾아보고 갈게요."

그래서 어 교감과 아이들은 현장을 수습하고, 이 형사와 선배들은 주변에 또 다른 뼛조각이 있는지 수색을 시작했다.

 뼛조각을 찾아라!

아이들이 현장 사진을 찍고 나자, 어 교감이 뼈가 훼손되지 않도록 조심해서 뼈를 수습했다. 그리고 곧바로 강원특별자치도 과학수사연구소에 분석을 의뢰하러 출발했다. 그사이 공 교장은 관할경찰서인 강원 영동경찰서에 전화해 수색을 도와줄 경찰 병력을 요청했다.

"영동경찰서에서 지원 팀이 곧 올 거야. 나는 경찰서에 들어가서 인근에서 실종된 사람이 있는지 알아볼게."

공 교장이 떠나자, 현장 조사를 마친 아이들과 박 교장은 이 형사와 선배들의 수색 팀에 합류했다. 박 교장이 물었다.

"뭐 좀 나온 거 있어?"

혜성이가 대답했다.

"곡류천이라 강 안쪽 위주로 찾아보고 있는데, 아직 별다른 건 없어요."

"곡류천이요?"

제인이가 묻자, 혜성이가 설명했다.

"이 강처럼 구불구불한 형태로 흐르는 강을 곡류천이라고 해. 뱀이 기어가는 모습과 같은 모양이라고 해서 사행천이라고도 부르지. 곡류천의 바깥쪽은 흐르는 물의 속도가 상당히 빠르거든. 그래서 침식작용이 주로 일어나지."

두산이가 아는 척을 했다.

"침식작용이라면, 모래나 바위가 깎이는 걸 말씀하시는 거죠?"

"맞아. 그리고 반대로 강 안쪽은 흐르는 물의 속도가 느리기 때문에 물을 따라 흘러내려온 물질들이 쌓이는데, 이를 퇴적작용이라고 하지. 그러니까 뼈가 강물을 따라 내려왔다면, 강 안쪽에 남아 있을 확률이 높아."

영웅이가 생각난 듯 말했다.

"아! 그래서 아까도 강 안쪽에 뼈가 걸려 있었던 거구나!"

뼈가 발견된 위치에 이런 놀라운 과학 원리가 숨어 있다니! 역시 과학

형사대는 다르구나 싶었다. 그래서 아이들과 선배들은 주로 강 안쪽 위주로 수색을 이어 나갔다. 그리고 잠시 후 강원 영동경찰서 강력반 박경 팀장이 경찰들을 인솔해 도착하자, 경찰 팀과 CSI 팀은 강 양쪽으로 흩어져 샅샅이 뒤졌다.

그런데 한 5분쯤 더 뒤졌을까, 갑자기 요리가 소리를 질렀다.

"찾았어요! 여기 있어요!"

모두 요리가 있는 곳으로 달려가 보니, 정말 기다랗고 굵은 뼈 하나가 강가 커다란 돌 밑에 끼어 있었다. 달곰이가 뼈를 보고 말했다.

"이건 넓적다리뼈야."

그러더니 아이들을 보며 물었다.

"자, 있지?"

하재가 과학수사키트에서 자를 꺼내 주자, 달곰이는 자를 뼈 옆에 놓고, 뼈의 길이를 쟀다.

"43.6센티미터. 그럼 키가 170센티미터 정도 되겠는데."

"그걸 어떻게 아세요?"

영웅이가 눈이 동그래져 묻자 달곰이가 설명했다.

"뼈를 이용하면 키를 계산할 수 있거든. 보통 팔과 다리뼈 길이에 부위별로 상관계수를 곱해서 산출하는데, 넓적다리뼈는 상관계수 3.9를 곱해. 뼈의 길이가 43.6센티미터니까 3.9를 곱하면, 170센티미터 정도 나오게 되는 거지. 물론 오차는 있지만."

역시 대단한 달곰 선배다. 잠시 후 요리가 의문을 제기했다.

"기온과 습도, 묻힌 상태에 따라 달라지겠지만, 이렇게 완전한 백골 상태가 되려면 최소 1, 2년 이상은 땅 속에 묻혀 있었을 텐데, 도대체 어디 있다 나온 거지?"

치국이가 의견을 말했다.

"강가 묘지에 묻혀 있던 시신이 강물에 쓸려 내려온 거 아닐까요?"

요리가 고개를 갸웃하며 말했다.

"보통 강가에는 묘지를 안 쓰지. 청개구리도 아니고 말이야."

맞다. 늘 엄마가 하는 말의 반대로만 행동하던 청개구리에게 엄마는 또 반대로 할 거라는 생각에 자신을 개울가에 묻어 달라는 유언을 남기는데, 청개구리는 엄마의 마지막 유언만은 지키겠다며 정말로 엄마를 개울가에 묻었다. 그래서 비만 오면 무덤이 쓸려 내려갈까 봐 슬피 운다는 웃기고도 슬픈 이야기다. 그러니 강가에 무덤을 만드는 어리석은 사람이 어디 있겠는가. 그렇다면 도대체 이 유골들은 어디에서 여기까지 온 것일까?

그런데 그때였다. 혜성이가 시계를 보더니 말했다.

"헉! 벌써 오후 2시네요. 어떡하죠. 저희는 그만 올라가 봐야 할 것 같은데……."

박 교장이 말했다.

"그래, 그래야지. 경찰들이 찾고 있으니까 너희들은 이제 그만 올라가거라."

그래서 나머지 수색은 강원 영동경찰서에서 맡기로 하고 모두 철수했다. 요리가 찾아낸 넓적다리뼈도 박경 팀장에게 전달했다. 과학수사연구소로 보내면 어 교감이 먼저 가져간 골반 뼈와 넓적다리뼈가 같은 사람의 뼈인지 유전자 검사를 통해 확인해 볼 것이다.

박 교장의 집으로 돌아오자, 어 교감과 공 교장이 벌써 와 있었다. 공 교장이 말했다.

"인근에서 실종 신고된 후 아직 못 찾은 사람은 모두 2명이야. 그런데 한 명은 5년 전에 실종된 7세 아이고, 나머지 한 명은 2년 3개월 전에 실종된 32세 남자라는데."

어 교감이 말했다.

"그럼 뼈의 주인은 아닌 것 같네요. 과학수사연구소에서도 보자마자 성인 여성의 골반 뼈라고 했거든요."

달곰이의 말이 딱 맞았던 것이다. 두산이가 의문을 제기했다.

"정황으로 보면 타지 사람이라는 건데, 그럼 누군가에게 죽임을 당해 여기 암매장된 것이 아닐까요?"

공 교장이 말했다.

"그럴 수도 있고, 근처 동네 묘지에서 쓸려 내려간 것일 수도 있겠지."

박 교장이 재촉했다.

"자, 자. 그건 여기 경찰들이 알아서 할 테니 너무 걱정 말고, 편안히 올라가거라."

혜성이가 아이들에게 작별 인사를 했다.

"마지막 학기 잘 마무리하고, 더 멋진 모습으로 만나자!"

"네! 감사합니다. 선배님!"

아이들은 큰소리로 대답하며 인사했다. 그렇게 선배들과 아쉬운 이별을 했다. 아이들은 아까 뼈를 발견하면서부터 보여 준 선배들의 과학적 수사 능력이 상당히 인상 깊었다. 선배들의 실력을 따라가려면 아직 멀었다는 생각도 들었다. 또 지난밤 선배들에게 들은 이야기들이 든든한 조언이 됐다. 하지만 뼈를 발견하고도 사건을 마무리하지 못하고 집으로 돌아가는 것이 마음에 걸렸다.

다음 날은 개학 전날. 아이들은 기숙사로 들어왔다. 그리고 만나자마자 선배들 이야기로 이야기꽃을 피우다, 어제 발견한 유골 이야기가 나왔다.

"어제 발견한 뼈들, 같은 사람 거였을까?"

두산이가 말을 꺼내자, 영웅이도 궁금하다는 듯 말했다.

"그러게. 그리고 우리 올라온 후에 다른 뼈가 또 발견됐을까? 궁금하다."

그러자 치국이가 벌떡 일어나며 말했다.

"나도. 우리 이 형사님께 여쭤보자."

아이들이 몰려가 묻자, 이 형사가 대답했다.

"나도 궁금해서 박 팀장한테 전화해서 물어봤는데, 그 후로 더 발견된 뼈는 없대."

하재가 물었다.

"과학수사연구소 감식 결과는 나왔어요?"

"응. 두 개 뼈의 유전자를 분석한 결과, 동일인의 것이 맞대. 또 뼈의 밀도로 나이를 추정한 결과, 성장이 완전히 멈춘 상태고 밀도가 떨어져 있는 것으로 봐서 50대 이상일 거라는데."

"동네에 있는 묘지에서 쓸려 내려간 거는 아니래요?"

제인이의 물음에 이 형사가 대답했다.

"응. 동네를 돌며 조사했는데, 주변에 묘지가 있었던 흔적은 없대."

결과를 듣고 나니, 아이들은 호기심이 더 커졌다. 그래서 오지랖 넓은 영웅이가 나섰다.

"이 형사님, 그 사건 저희들도 같이 수사하면 안 돼요?"

이 형사가 껄껄 웃으며 말했다.

"왜 그 소리가 안 나오나 했다. 그렇지 않아도 교장 선생님께 허락받고 왔다."

어제 올라온 후, 이 형사도 찜찜한 마음이 가시지 않았다. 그래서 아침에 학교에 오자마자 박경 팀장과 과학수사연구소에 전화해 상황을 점검했던 것이다. 그렇게 아이들은 백골 사체 사건을 맡게 되었다.

사라진 어머니

이 형사와 아이들은 전국 실종자 데이터를 확인해 보기로 했다. 이 형사가 말했다.

"한 해 발생하는 성인 실종자 수는 5~6만 건 정도 돼. 물론 95% 이상은 단순 가출로 다시 집으로 돌아오고, 범죄로 인한 실종은 훨씬 적지만 말이야."

"여자 키가 170센티미터 정도 되면 상당히 큰 편 아닌가요?"

제인이가 의견을 말하자, 이 형사가 대답했다.

"그렇긴 하지. 오차를 고려해야 되니까 165센티미터 이상을 찾아보면 되겠다."

하재가 정리했다.

"그럼 나이 50세 이상, 키 165센티미터 이상의 여자를 찾으면 되겠네요."

"일단 강원 지역부터 찾아보고, 서울, 경기 지역으로 확대해 보자."

이 형사 말에 아이들은 실종자 데이터베이스에서 강원 지역에서 실종된 사람들 중 50세 이상, 키 165센티미터 이상의 여자를 찾았다. 모두 14명. 이 형사가 물었다.

"유전자 검사 자료가 확보되어 있는 사람은 몇 명이지?"

장기 실종자의 경우, 경찰은 실종자의 시신이 나타나면 비교해 볼 수 있도록 실종자 본인이 사용했던 칫솔과 같은 물건이나 가족들의 머리카락, 칫솔 등을 이용해 유전자를 확보해 놓기 때문이다.

하재가 대답했다.

"9명이요."

"좋아. 일단 강원특별자치도 과학수사연구소로 보내서 발견된 뼈의 유전자와 비교해 달라고 하고, 나머지 5명도 연락해 봐. 가족 중 유전자 검사할 수 있는 사람이 있는지."

그래서 하재가 과학수사연구소로 9명의 유전자 검사 자료를 보내고, 다른 아이들은 5명의 가족을 찾아 연락했다. 그중 3명은 연락이 안 되고, 2명은 연락이 닿아 다음 날 유전자 검사를 할 수 있는 머리카락이나 칫솔을 보내겠다고 했다. 아이들은 만약을 위해 다시 서울, 경기 지역으로 확대해 실종자 검색에 들어갔다.

그사이 이 형사는 박경 팀장에게 전화해 수색 결과를 물었다. 박경 팀장이 대답했다.

"처음 뼈가 발견된 장소에서 위, 아래로 1킬로미터 이상 뒤졌는데, 아무것도 안 나왔어요. 또 뼈가 유실될 만한 곳이 있는지 인근 동네를 다 찾았는데 없더라고요. 수상한 뼈를 본 사람도 찾지 못했고요."

강 근처의 논과 밭, 하수로, 빈집 등을 다 뒤졌지만 의심할 만한 곳은 없었다는 것. 그렇다면 그 뼈들은 도대체 어디에서 나왔단 말인가.

그런데 다음 날 아침, 과학수사연구소에서 연락이 왔다. 다행히 유전자가 일치하는 사람을 찾았다는 것. 이 형사가 아이들에게 소식을 전했다.

"이름은 김장자. 나이는 59세. 2년 전 9월, 원주에서 실종 신고된 사람이야."

드디어 뼈의 주인을 찾은 것이다. 지리 형사 두산이가 말했다.

"원주요? 그럼 뼈가 발견된 강원특별자치도 정선과는 2시간 정도의 거리예요."

"원주에서 실종된 사람이 정선에서 백골로 발견됐다? 이상한데요."

영웅이가 의견을 말하자, 제인이가 나섰다.

"실종 신고할 때 기록해 둔 아들의 전화번호가 있어요. 전화해 볼게요."

아들의 이름은 백경섭. 나이는 21세. 백경섭에게 전화해 어머니의 시신 일부가 백골 사체로 발견됐다고 하자, 소스라치게 놀랐다.

"네? 저, 정말이요? 정말 저희 어머니가 맞아요?"

"어, 어떻게 이런 일이! 흑흑흑."

믿지 못하겠다는 말투. 제인이가 대답했다.

"네. 유전자 감식 결과, 실종 후 등록하신 유전자 검사 자료와 발견된 뼈에서 나온 유전자가 동일하다는 결론이 나왔습니다."

"어, 어떻게 이런 일이! 흑흑흑."

백경섭은 울음을 터뜨렸다. 실종된 상태지만 언젠가는 돌아오리라 믿었던 것이다. 아이들은 백경섭을 만나기 위해 원주로 향했다. 마침 유골이 있는 강원특별자치도 과학수사연구소가 원주에 있어서 거기서 만났다. 백경섭은 유골을 확인하더니, 눈물을 뚝뚝 흘리며 물었다.

"정말 우리 어머니의 뼈가 맞나요? 왜 우리 어머니가 이렇게 되신 거죠? 흑흑."

살아 계시기만을 바랐는데 백골이 되어, 그것도 전체도 아닌 시신 일부만 돌아왔으니 어찌 믿을 수 있겠는가. 이 형사가 말했다.

"정확하게 확인하기 위해 백경섭 씨의 유전자와 한 번 더 비교해 보겠습니다."

백경섭은 자신의 머리카락을 채취해 전달했다. 그리고 그동안의 자초지종을 말했다.

"갑자기 사라지셨어요. 제게 말 한 마디, 편지 한 장 남기지 않고요. 그래도 살아 계실 거라고 믿고 이제나저제나 어머니가 돌아오시길 기다리고 있었는데. 흑흑."

김장자가 실종된 것은 실종 신고가 되기 두 달 전인 2년 전 7월. 김장자는 작은 중소기업을 운영하던 사장이었단다.

"아버지가 친구 분과 함께 운영했던 회사예요. 아버지가 암으로 돌아가시고 어머니가 회사를 맡으셨죠."

이 형사가 물었다.

"실종 당시 수상한 점은 없었나요?"

"그때 제가 고등학교 3학년이어서 어머니 얼굴을 볼 시간이 많지 않았어요. 그런데 실종되기 2주 정도 전부터 안색이 안 좋기는 했어요."

그래서 어디 아픈지, 혹시 회사에 문제가 있는 것인지 물었지만 자신이 고등학교 3학년이라 그런지 다 괜찮다고, 아무 문제없다고만 했다는 것. 그리고 실종 당일 저녁, 가볼 데가 있어서 좀 늦을 거라고 전화를 했다는 것이다.

"가볼 데요? 어딘데요?"

두산이가 묻자, 백경섭이 대답했다.

"나도 잘 몰랐는데, 실종 신고한 후에 경찰이 어머니의 휴대전화를 추적했는데, 강원특별자치도 정선에 있는 강원랜드 인근에서 마지막으로 신호를 받았대."

정선이라면, 피해자의 유골이 발견된 바로 그 지역이다. 강원랜드와도 30분 정도의 거리. 백경섭이 말했다.

"아는 사람도 없는데 거길 왜 갔는지, 그 다음 어디로 사라졌는지 도저히 알 수가 없었어."

그렇다면 누군가에게 납치당한 후 강원랜드 인근에서 살해당한 것은 아닐까? 중소기업 사장이었다니, 재력을 노린 범행이었을 수도 있다. 이 형사가 물었다.

"그런데 왜 실종 신고를 두 달이나 지난 다음에 했죠?"

백경섭이 한숨을 푹 쉬더니 대답했다.

"어머니가 실종되고 이틀 후, 회사가 부도 처리됐어요."

실종 당일, 어머니가 밤새 전화도 안 받고 집에도 돌아오지 않자, 다음 날 회사로 전화를 했단다. 하지만 어머니의 행방을 아는 사람이 없었다는 것.

"그런데 저녁때쯤 어머니랑 같이 회사를 운영하던 신철식 사장님이 전화를 했어요. 내일이면 회사가 부도 처리될 건데, 그래서 어머니가 도망간 것 같다고요."

그리고 정말 다음 날, 회사는 부도 처리되고 백경섭이 살고 있던 집까지 담보로 잡혀 있어서 순식간에 거리에 나앉게 되었다는 것. 그래서 처음에는 어머니가 정말 부도 때문에 도망간 줄 알았고, 다 정리되면 돌아올 거라고 생각했다는 것이다. 하지만 두 달이 넘도록 돌아오지 않자, 그제야 실종 신고를 했다는 것.

그렇다면 혹시 자살은 아닐까? 회사가 부도를 낼 상황이 되자, 도망을 갔다가 스스로 목숨을 끊었을 수도 있지 않을까? 그런데 영웅이가 의문을 제기했다.

"동업자가 있었다면서요. 부도를 내면 같이 책임져야 하는 거 아닌가요? 왜 어머니 혼자 도망을 가신 거죠?"

"나도 그게 이상했어. 내가 회사 일도 잘 모르고 정신이 없어서 그런가 보다 했는데,

내일이면 회사가 부도 처리될 건데 그래서 어머니가 도망가신 것 같아.

실종 다음 날

부도란?

회사에서 거래처에 물품이나 서비스 비용을 지불할 때는 현금 외에도 어음이나 수표를 주는 경우가 있어. 수표는 종이에 쓰인 숫자만큼 돈을 쓸 수 있도록 허락하는 종이고, 어음은 일정한 날짜에 일정한 금액을 주겠다고 약속하는 증서라고 할 수 있지. 그런데 회사의 자금이 부족해 기한이 되어도 어음이나 수표에 적힌 돈을 지불하지 못하는 경우, '부도를 냈다'고 해.

나중에 생각해 보니까 이상하더라고. 왜 우리 어머니만 도망가고 신 사장님은 멀쩡한지."

이번에는 하재가 의문을 제기했다.

"그런데 마지막 위치가 왜 강원랜드였을까요? 혹시 어머님께서 도박을 하시진 않았나요?"

가볼 데가 있어서 늦는다고 했으니 어쩌면 납치가 아니라, 스스로 강원랜드나 그 주변을 찾아갔을 수도 있다. 백경섭이 대답했다.

"절대 그럴 분이 아냐. 아버지 돌아가시기 전까지는 집에서 살림만 하셨고, 아버지 돌아가시고 나서는 회사 키워보겠다고 일만 하셨어."

그렇다면 김장자는 왜 그 밤에 그곳에 갔을까? 회사가 당장 부도 처리 될 위기에 있는데 말이다.

"어머님이 실종되고 다른 수상한 사람이나 상황은 없었나요?"

영웅이가 묻자, 백경섭이 대답했다.

"집이 경매에 넘어가서 쫓겨나는 날, 경리부장 아저씨가 왔었어. 그런데 자꾸 나한테 미안하다고 하더라고. 자기 잘못이 크다고."

경리부장의 이름은 성지원. 그래서 나중에 찾아가 혹시 뭔가 아는 게 있는지 물었단다.

"내가 불쌍해서 그런 거라고 딱 잡아떼긴 했는데, 뭔가 알고 있는 느낌이 들었어."

그렇다면 성지원을 만나 봐야 한다. 어쩌면 그가 사건의 열쇠를 가지고 있을지도 모른다.

 그날의 진실은?

성지원을 만나 김장자의 유골이 나왔다고 하자, 성지원은 깜짝 놀라며 물었다.

"그럼 정말 살해당한 거예요?"

살해당했다는 말을 안 했는데도 이런 질문을 한다는 것은? 두산이가 날카롭게 물었다.

"정말 살해당했냐고요? 그럼 김장자 씨가 살해당했다고 생각하고 계셨다는 거네요."

"그, 그건……. 워낙 오랫동안 실종 상태니까 그럴 수도 있다고 생각한 거지."

둘러대는 성지원. 영웅이가 다그쳤다.

"김장자 씨의 최종 위치가 강원랜드 인근이었어요. 이틀 후면 회사가 부도 처리될 상황인데, 강원랜드에 갔다? 도박을 하는 것도 아닌데 왜 거길 갔을까요?"

성지원의 얼굴이 더 어두워졌다. 제인이가 물었다.

"부도를 낸 이유가 뭔가요? 또 신 사장도 있었는데 왜 김장자 씨 혼자 부도를 떠안고 도망을 간 거죠?"

계속된 날카로운 질문에 성지원은 괴로운 표정을 짓더니 털어놓기 시작했다.

"사실 그때 회사가 부실해서 부도를 낸 게 아니었어."

"그럼요?"

예상치 못한 대답에 모두 놀라 물었다. 성지원이 대답했다.

"신 사장이 도박에 빠져 회사 돈을 갖다 썼기 때문이야. 내가 말려도 소용없었지."

회사 이름으로 빚도 얻고, 결제해야 될 돈까지 가져가 도박을 했다는 것. 이 형사가 물었다.

"그걸 김장자 씨가 알았나요?"

"네. 부도 처리되기 2주 전쯤에 알았어요. 그런데 신 사장이 자기 집을 팔아서 다 해결하겠다고 해서 기다렸는데 해결은커녕 저도 모르게 회사에 있는 현금을 다 빼 갔더라고요. 또 도박을 하러 간 거죠."

그래서 김장자가 실종된 날 오후, 성지원은 그 사실을 김장자에게 보고했다는 것. 두산이가 물었다.

"그럼 김장자 씨가 신 사장을 만나기 위해 강원랜드로 간 건가요?"

성지원이 대답했다.

"그것까지는 잘 모르겠어. 다음 날 김 사장 아들이 엄마를 찾아서 그때 혹시나 했지. 그런데 오후에 신 사장이 나왔기에 김 사장을 만났는지 물었는데, 아니라고 딱 잡아떼더라고."

지금까지의 상황으로 봐서 김장자가 강원랜드에 간 이유는 신철식을 만나기 위해서일 가능성이 크다. 그렇다면 그녀의 죽음이 신철식과 연관되어 있다는 뜻이 아닐까? 유골이 발견된 장소가 강원랜드에서 30분 거리이니, 충분히 가능한 일이다. 치국이가 물었다.

"실종 신고했을 때 경찰에서 조사를 나왔을 텐데 왜 그때 얘기하지 않으셨나요?"

"심증만 있는 거라……. 신 사장의 보복이 두렵기도 했고."

그렇다면 신철식을 찾아야 한다. 이 형사와 아이들은 강원 영동경찰서로 가서 박경 팀장을 만나 지금까지의 수사 결과를 전했다. 그리고 신철식의 거주지를 확인해 봤더니, 2년 전 서울로 이사를 갔다는 것. 박경 팀장이 말했다.

"신철식을 찾더라도 증거가 명백하지 않으니 발뺌할 거예요. 유골도 일부밖에 없고, 2년이나 지났으니 강원랜드 주변 CCTV 녹화 영상도 다 지워졌을 텐데, 어떡하죠?"

"아직 유골이 다 나오지 않았잖아요. 그럼 어딘가에 묻혀 있는 거 아닐까요?"

제인이가 의견을 말하자 두산이가 동의했다.

"맞아요. 그러니까 처음 시신을 묻은 곳을 찾아야 해요. 주변을 다

뒤졌는데도 없다는 건 발견된 유골이 좀 더 먼 곳에서 강까지 이동했다는 뜻이잖아요."

치국이가 고개를 갸웃하며 말했다.

"유골이 어떻게 이동을 해? 누가 일부러 옮겼을 리도 없고."

그러게 말이다. 도대체 어디에 있다 강물에 휩쓸려 내려온 것일까? 그런데 그때, 두산이는 번뜩 생각나는 게 있었다.

"맞다! 자연재해! 자연재해라면 가능하지 않을까?"

"자연재해?"

아이들이 동시에 묻자, 두산이가 대답했다.

"피할 수 없는 자연 현상이 생명과 재산에 피해를 주는 것을 자연재해라고 하잖아. 태풍, 가뭄, 홍수, 지진, 화산 폭발 같은 것들."

하재가 문득 생각난 듯 말했다.

"맞다! 올 여름에 홍수 많이 났잖아. 그때 쓸려 내려온 것 아닐까?"

"그래. 우리나라의 연평균 강수량은 1,300밀리미터 정도인데, 절반 이상의 비가 여름철에 내리지. 그래서 장마 때는 심각한 홍수 피해가 일어나기도 해."

연평균 강수량이란?

일정 지역에 여러 해 동안 내린 연간 강수량의 평균값을 말해. 우리나라의 연평균 강수량은 세계 평균에 비하면 비교적 많은 편이야. 계절에 따라 강수량의 차이가 크고 절반 이상이 여름에 집중되어 있지. 또 북쪽에서 남쪽으로 갈수록 강수량이 많아지고, 남해안과 동해안 지역이 내륙 지역에 비하여 강수량이 많아.

두산이의 설명에 박경 팀장이 말했다.

"그런데 올 여름에 우리 지역은 홍수가 난 적이 없어."

그렇다면 홍수에 쓸려 내려온 것도 아니란 말인가. 두산이는 잠시 생각하더니 물었다.

"그럼 혹시 주변에서 산사태가 난 적은 없어요?"

박경 팀장이 고개를 갸웃하며 말했다.

"글쎄. 그건 잘 모르겠는데."

"산사태는 왜?"

치국이의 질문에 두산이가 대답했다.

"자연재해는 기후 변화로 인해 일어나기도 하지만, 자연환경을 인간이 마음대로 변화시키면서 발생하기도 하거든. 특히 산사태의 경우는 그런 사례가 많지. 보통 산사태는 지진이나 큰비로 땅이 지속적으로 약해져 있는 경우에 발생하지만, 개발을 위해서 산을 깎는 경우도 지반이 약해지기 때문에 산사태가 일어날 수 있어. 신철식이 김장자의 유골을 산에 묻었는데, 그 산이 산사태로 무너지면서 유골의 일부가 인근 하천으로 떨어졌고, 그것이 물길을 따라 강까지 내려온 거 아닐까?"

이 형사가 고개를 끄덕이며 말했다.

"충분히 가능성 있는 추리야. 박 팀장님, 최근 주변에서 산사태가 난 적이 있는지 알아봐 주시겠어요?"

"네!"

박경 팀장은 곧바로 정선군청에 전화해 최근 산사태가 발생한 적이 있는지 물었다. 그런데 있다는 것! 박경 팀장이 눈이 동그래져 말했다.

"있대요. 지난주에 콘도 공사 현장에서 산을 깎다가 산사태가 발생했대요."

그래서 지금은 공사를 잠시 중단하고 있다는 것이다. 두산이가 물었다.

"거기가 어딘데요?"

"두 번째 뼈가 발견된 곳에서 2킬로미터 정도 떨어진 산이야."

박 팀장이 대답했다. 과연 그곳이 김장자가 암매장된 곳일까? 그곳에 정말 나머지 유골들이 있을까? 혹시나 범인을 찾을 만한 단서가 남아 있을까?

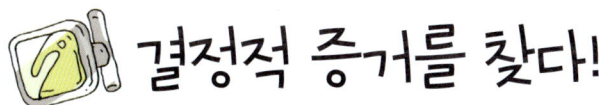 결정적 증거를 찾다!

곧바로 산사태가 일어났다는 현장으로 가 보니, 정말 산이 반쯤 깎여 있고, 산사태로 무너져 내린 흙더미가 잔뜩 쌓여 있었다. 영웅이가 놀라 말했다.

"헉! 진짜 산이 무너져 내렸네."

이 형사와 아이들, 그리고 박 팀장은 나머지 유골들을 찾기 위해 흙더미를 뒤지기 시작했다. 그런데 워낙 많은 흙이 무너져 내린 상태라

유골을 발견하기는 쉽지 않았다. 어쩌면 산이 무너져 내리면서 드러난 유골들이 다시 또 흙더미에 파묻혔을 수도 있다. 그런데 주변의 지형을 살펴보던 두산이가 흙더미 옆으로 흐르는 계곡을 보며 물었다.

"이 계곡의 물이 유골이 발견된 강까지 흘러가나요?"

"맞아. 이 흙더미 속에 유골이 있었다면, 계곡물을 따라 거기까지 흘러내려갔을 거야."

박 팀장이 대답하자 두산이가 산의 잘려나간 단면을 자세히 살피며 말했다.

"그럼 이쪽 방향에서 떨어졌을 확률이 높은데……."

그러더니 이내 소리쳤다.

"어! 이건가?"

두산이가 흙 사이로 드러난 하얀 물체를 가리키며 말했다. 이 형사가 보더니 말했다.

"유골 맞아. 박 팀장님, 유해발굴단 불러 주세요."

한 시간쯤 후, 유해발굴단이 도착하고 발굴이 시작됐다. 산사태가 난 곳이라 또다시 산이 무너져 내릴 수도 있기 때문에 유골 발굴은 아주 조심스럽게 이루어졌다. 한 시간, 두 시간……. 서서히 유골이 드러나기 시작했다. 세 시간이 지나서야 모든 발굴을 마쳤는데, 남아 있는 유골은 두개골과 팔, 그리고 가슴뼈들. 유골의 하반신은 유실되고, 상반신만 남아 있었다. 이 형사가 말했다.

"산사태가 났을 때 골반 뼈 아래 부분이 유실된 거네."

"그럼 나머지 뼈들은 무너진 흙더미 속에 있을 확률이 높겠네요."

두산이의 말에 박경 팀장이 동의했다.

"그렇겠지. 그런데 오늘은 시간이 늦었으니 흙더미 속에 있는 건 내일 찾아야 될 것 같아."

어느새 날이 컴컴해진 것. 그런데 바로 그때였다. 발굴단장이 갑자기 소리를 질렀다.

"어, 이건!"

그러더니 흙 속에서 뭔가를 집어 보여 주는데, 금색 단추가 아닌가! 하재가 놀라 말했다.

"단추네요!"

그것도 일반 단추가 아닌 남자들이 셔츠 소맷부리를 여미 끼우는 커프스단추였다. 두산이가 눈을 반짝이며 말했다.

"범인이 시신을 땅에 묻을 때 떨어뜨린 것이 아닐까요?"

그렇지 않고서야 왜 시신 옆에 떨어져 있었겠는가. 제인이가 아깝다는 듯 말했다.

"그럼 신철식의 것일 확률이 높은데, 워낙 작아서 지문 감식도 못 하고 어떡하죠?"

하재도 말했다.

"한쪽이 없어졌다는 걸 알았으면 다른 한쪽도 버렸을 거야."

이 형사가 의견을 냈다.

"일단 신철식을 잡아 확인해 보자. 커프스단추는 보통 넥타이핀과 같이 세트로 사니까 넥타이핀은 남아 있을 수도 있어."

이 형사와 아이들은 단추를 증거물로 확보해 서울로 가져왔다. 그사이, 어 교감은 신철식의 주소지를 확인하고 압수수색 영장을 신청했다. 이 형사와 아이들은 서울에 도착하자마자 신철식의 집으로 갔다. 한밤중에 갑작스레 들이닥친 형사들을 보자, 깜짝 놀라는 신철식.

"무, 무슨 일입니까?"

이 형사가 압수수색 영장을 들이밀며 말했다.

"김장자 씨 아시죠? 강원특별자치도 정선에서 유골이 발견됐어요."

신철식은 소스라치게 놀라더니, 이내 큰소리를 쳤다.

"그, 그게 저랑 무슨 상관입니까?"

두산이가 증거물 봉지에 담긴 커프스단추를 보이며 물었다.

"이거 신철식 씨 단추 아닌가요?"

당황하는 신철식. 그런데 그때, 겁에 질려 보고 있던 부인이 주저앉으며 울음을 터뜨렸다.

"여보, 어떡해요. 흑흑흑."

단추가 신철식의 것이며, 신철식이 범행을 저질렀다는 사실을 알고 있다는 뜻. 이 형사가 지시했다.

"뒤져!"

아이들은 방으로 들어가 커프스단추나 넥타이핀이 있을 만한 장소를 다 뒤졌다. 그리고 마침내 화장대 서랍 안쪽에서 증거물과 세트인 넥타이핀을 찾아냈다. 부인이 울부짖었다.

"내가 자수하자고 했잖아요. 언젠가 이렇게 될 거라고 했잖아요. 흑흑흑."

부인의 말에 신철식도 털썩 주저앉더니 울음을 터뜨렸다.

"그래요. 김 사장, 내가 죽였어요. 도박에 빠지는 바람에……. 흑흑흑."

결국 자신의 범행을 자백한 신철식. 곧바로 김장자를 살해하고 시신을 유기한 혐의로 체포됐다.

"도박에 빠져 정신을 못 차렸어요. 회사 돈까지 손을 댔는데 자꾸 잃기만 하니까 다시 따야 된다는 생각에. 흑흑흑."

마지막으로 운명을 걸고 도박을 했는데 역시 다 날리고 만 순간, 김장자가 자신을 찾아 왔다는 것이다.

"돈을 잃어 화가 난 데다 김 사장까지 난리를 치니까 너무 화가 나서 그만……. 흑흑흑."

결국 차 안에서 김장자의 목을 졸라 살해한 후, 정신없이 차를 몰고 가다 묻어야겠다고 생각했다는 것.

"농가 창고 앞에 삽이 있더라고요. 그래서 그걸 훔쳐서 산으로 가서 묻었어요."

그리고 김장자가 타고 온 차는 회사 명의의 차였기 때문에 다음 날 아침 폐차시켜 버렸다는 것이다.

"죽을죄를 지었습니다. 흑흑흑."

정신을 차리고 보니 이미 되돌려 놓을 수 없는 지경이 되어 버린 상황. 그렇게 회사는 부도 처리가 되고, 김장자가 돌아오지 않자 부인이 자신을 의심해 할 수 없이 부인에게만 사실대로 털어놓았다는 것이다.

"죄책감 때문에 살아도 사는 것 같지가 않았어요. 늘 언제 나를 잡으러 오나 두려움에 떨며 살았습니다."

다 밝혀지고 나니 오히려 후련하다며 죗값을 치르겠다는 신철식. 하지만 아무 죄도 없이 다시는 돌아오지 못할 길을 떠나게 된 김장자는 얼마나 억울했을까. 그래서 그렇게라도 아이들 앞에 나타난 것이 아닐까? 제발 나의 억울함을 풀어 달라고.

다음 날부터 박 팀장의 지휘 아래 이틀에 걸친 대대적인 발굴 작전이 시작됐다. 그리고 마침내 산사태로 무너져 내린 흙더미에서 김장자의 나머지 유골들을 모두 찾아냈다. 백경섭은 슬픔과 감사의 눈물을 흘렸다.

"고맙습니다. 우리 어머니도 이제 편히 좋은 곳으로 가실 거예요. 흑흑흑."

아이들도 그렇게 되기를 간절히 빌었다. 그리고 다시는 이런 억울한 죽음은 없었으면 좋겠다고 생각했다.

두산이가 들려주는 사건 해결의 열쇠

강가에서 우연히 발견된 사람의 뼛조각. 발견되지 않은 나머지 유골과 중요한 증거물을 찾을 수 있었던 것은 자연재해의 종류와 원인에 대하여 잘 알고 있었기 때문이야.

 **자연재해란?**

자연재해는 자연 현상으로 발생하는 피할 수 없는 재해를 말해. 태풍, 홍수, 폭설, 산사태, 황사 등 여러 가지가 있지.

태풍은 중심 최대 풍속이 17m/s 이상인 폭풍우를 동반하는 열대성 저기압이야. 태풍이 불면 건물이 파괴되어 사람이 다치기도 하고, 농작물을 수확할 수 없게 되거나 농가와 비닐하우스 등이 부서지는 일이 발생하지.

홍수는 비가 많이 와서 사람들의 생활 터전이 물에 잠겨 큰 피해를 입는 현상을 말하고, 폭설은 많은 눈이 집중적으로 내리는 경우야. 홍수가 나거나 폭설이 내리면, 집과 논밭이 물이나 눈에 잠기기도 하고 산사태나 눈사태가 일어나 마을이 매몰되고 고립되는 등 인명과 재산에 막대한 피해를 주지.

황사는 바람에 의해 하늘 높이 불어 올라간 미세한 모래 먼지가 대기 중에 퍼져 하늘을 덮었다 서서히 떨어지는 현상을 말해. 미세한 모래 먼지는 사람이나 가축의 호흡기 질환, 심혈관 질환, 눈병 등 각종 질병을 유발하고, 햇빛을 차단해 농작물의 성장을 방해하지. 또 반도체나 정밀 기기의 고장을 유발하기도 하고, 낮에 먼 거리에 있는 사물을 알아볼 수 있는 최대 거리인 시정거리가 짧아져 자동차나 항공기 운항이 멈추는 일이 발생하기도 해.

 우리나라 기후의 특징

자연재해는 기온, 강수량, 바람 등의 기후나 지형, 그리고 개발로 인한 자연환경의 변화 등 다양한 영향을 받아 발생해.

우리나라는 중위도에 위치해 있어 기후가 비교적 온난하고, 봄, 여름, 가을, 겨울 사계절이 뚜렷한 편이야. 또 남북으로 긴 모양이라 위도 차이가 크기 때문에 남북의 기온 차이도 매우 큰 편이지. 동서의 기온 차이도 큰데 비슷한 위도의 동해안 지역이 서해안 지역에 비해, 해안 지역이 내륙 지역에 비해 대체로 겨울에는 따뜻하고 여름에는 시원해.

〈우리나라 기후의 특징〉

💡 우리나라에서 자주 발생하는 자연재해

봄에는 서에서 동으로 편서풍이 불기 때문에 중국 사막의 모래 바람이 우리나라까지 날아와 황사가 자주 일어나. 초여름에는 오호츠크해 기단과 북태평양 기단 사이에서 발생한 장마 전선의 영향으로 많은 비가 내리는데, 이를 장마라고 해. 장마는 홍수를 일으켜 침수, 산사태 등의 자연재해를 일으키지.

초가을에는 남해안과 동해안에서 태풍이 자주 발생해 세찬 바람과 함께 많은 비를 내려. 봄과 가을에는 건조한 날씨가 계속되고 비가 잘 내리지 않기 때문에 가뭄이 발생해 농작물이 피해를 입고, 산불이 일어날 때도 많아.

   자연재해로 인한 피해를 줄이려면 기상의 변화를 예측하고 미리 대비해야 돼. 기상청에서는 인공위성과 슈퍼컴퓨터를 이용해 자연재해를 미리 예측하고, 일기 예보를 통해 각종 재해 주의보 및 경보를 발령해. 이러한 예측을 바탕으로 정부나 지방자치단체에서는 댐이나 저수지를 만들어 홍수와 가뭄을 조절하고, 방파제를 만들어 태풍과 해일이 일어날 때 마을이나 항구로 파도가 들이치는 것을 막아. 또 지진이 발생해도 견딜 수 있도록 건물과 도로를 튼튼

재해 주의보 및 경보 발령 → 방파제 건설

기상 변화 예측 → 도로 정비

〈자연재해로 인한 피해를 줄이기 위한 노력〉

하게 만들고, 홍수 때 강물이 넘치지 않도록 강 주변에 둑을 쌓기도 하지.

 개발로 인한 자연재해

자연재해는 무분별한 개발로 인해 자연환경이 파괴되면서 일어나기도 해. 지구상에서 생물 종이 가장 풍부한 숲이었던 브라질 아마존의 열대 우림은 지나친 벌목과 개간으로 파괴되었고, 그 결과 수많은 생물 종이 사라졌을 뿐 아니라 대기 중 이산화탄소 농도가 높아져 지구 온난화를 앞당겼지. 지구 온난화는 가뭄, 홍수, 폭설 등의 자연재해를 일으키는 주범이야. 사막 주변의 초원 지대가 점점 황폐하게 변하는 사막화도 큰 문제지. 지구 온난화로 인한 오랜 가뭄과 인구 증가에 따른 과도한 농업 및 목축 활동 등이 원인이야. 또 산을 깎아 도로를 만들고 관광지로 개발하다 보면 지반이 약해져서 산사태가 일어나기도 하지. 좀 더 좋은 환경에서 살기 위해 하는 개발과 발전이 오히려 환경을 파괴하고 인간에게 다시 피해를 주게 되는 것이지. 그러니까 자연환경을 개발할 때는 환경 파괴를 최소화하는 친환경적인 개발이 이루어지도록 해야 돼.

그러니까 생각해 봐. 강가에서 사람의 뼛조각을 발견했고, 유력한 용의자도 찾아냈지만 확실한 증거가 없었어. 그러나 다행히 **뼛조각이 강에서 발견된 원인이 산사태 때문임을 알아냈고, 덕분에 나머지 유골과 범죄의 증거를 찾을 수 있었지.**

핵심 학습 주제 **지역의 갈등 해결**

일반 사회 지리 역사 경제 정치

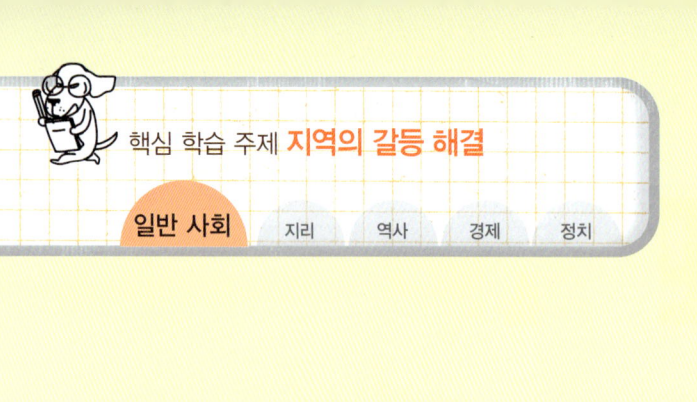

수상한 표식

"아니, 집에 좀 이상한 일이 있어서."
순간, 영웅이는 불길한 느낌이 스쳤다.
"이상한 일이요?"
영웅이 엄마가 대답했다.
"큰일은 아닌데, 집 현관문 옆 벽에 누가
빨간색으로 글씨를 써 놓은 거야. 알파벳 N자를."

진로 고민

마지막 학기가 시작되자 아이들은 저마다 진로에 대한 고민이 많았다. 원래 내 꿈은 무엇이었는지, 현재의 내 꿈은 무엇인지, 어느 학교에 진학해야 내 꿈을 이룰 수 있을지……. 물론 형사가 돼야 할까, 형사가 되면 잘할 수 있을까에 대한 고민이 가장 컸다.

정신없이 일주일이 지나가고 금요일 저녁. 아이들은 마주 앉아 진로에 대한 고민들을 털어놓았다. 제일 먼저 영웅이가 물었다.

"졸업하고 어느 학교로 진학할지 결정했어?"

"난 결정했어."

치국이의 대답에 모두 놀라 물었다.

"정말? 벌써?"

"응. 난 형사 학교에 갈 거야. 형사가 돼서 나라와 국민에 봉사하는 삶을 살고 싶어. 그것이 할아버지의 잘못을 함께 사죄하는 길이기도 하고."

제인이가 걱정스러운 표정으로 말했다.

"할아버지 때문에 그런 결정을 할 필요는 없지 않을까? 할아버지 스스로 죗값을 치르고 계시는데 말이야."

"맞아. 그런데 생각해 보니까 나는 그동안 할아버지의 부와 권력을 자랑으로 여기고 으스대며 살았더라고. 부정한 방법으로 얻은 것인지도 모르고……. 나도 잘못이 있어."

치국이의 대답에 하재가 위로했다.

"그건 네가 몰라서 그런 거잖아. 네 잘못이 아니야."

두산이도 말했다.

"그래. 선배들이 그랬잖아. 내가 제일 좋아하는 게 뭔지, 뭘 하면 행복한지 생각하라고."

"그건 나도 생각해 봤어. 그런데 형사 학교에 들어와서 많은 걸 깨달았어. 나 자신을 좀 더 알게 된 것 같아. 학교랑 너희들이 나를 변화시키기도 했고. 그래서 난 행복해. 국립형사학교에 가서 더 많은 걸 배우고 싶어. 내 바람대로 멋진 형사가 될 수 있을지는 모르겠지만 말이야."

치국이가 대답하자 가만히 듣고 있던 영웅이가 치국이의 어깨를 두드리며 응원했다.

"그래. 지금 네 마음이 그렇다면 옳은 선택을 한 거야. 부럽다. 난 아직 고민 중인데."

영웅이는 아무리 생각해도 자신이 무엇을 가장 좋아하는지, 뭘 할 때 가장 행복한지 잘 알 수가 없었다. 워낙 근심 걱정 없이 지내며 뭘 해도 늘 즐겁고 행복한 스타일이라 그런 것일까? 진로에 대한 고민 자체가 힘들었다. 생각보다 행동이 앞서는 성격이라 그런가 보다. 지금까지 형사 학교에 잘 적응한 것으로 봐서는 형사가 맞는 것 같기도 하고, 어떻게 생각하면 그저 오지랖이 넓어서, 또는 영웅 심리에 그러는 것 같기도

하고, 아리송했다.

그 마음을 아는지 두산이가 말했다.

"고민은 무슨. 넌 아무리 봐도 형사 체질이야. 의협심, 정의감, 사람에 대한 관심, 다 가졌잖아. 오히려 내가 형사와 잘 안 맞지."

하재가 물었다.

"너도 잘해 왔잖아. 왜 그렇게 생각해?"

두산이가 어깨를 으쓱하며 대답했다.

"내가 원래 자유로운 영혼이잖아. 형사가 보람된 일이긴 하지만 뭔가 얽매이는 생활이 부담스럽기도 해. 원래 내 꿈은 여행 작가가 되는 것이기도 했고……. 그래서 아직 고민 중이야."

하재가 고개를 끄덕이더니, 제인이에게 물었다.

"제인아, 너는 어떻게 할 거야?"

"난 원래 돈 많이 벌어서 할머니를 행복하게 해 드리는 게 인생 최대의 목표였거든. 그런데 수사를 하다 보니까, 돈도 깨끗한 돈이 있고, 검은 돈이 있다는 걸 알았어. 그래서 생각해 봤는데, 돈이 깨끗하게 쓰이는 나라를 만들고 싶어. 경제를 좀 더 체계적으로 배워서 올바른 경제 정책을 세우는 사람, 경제 정책 전문가가 되고 싶어."

"멋지다. 그럼 넌 국립형사학교는 안 갈 예정인 거네?"

치국이의 물음에 제인이는 고개를 끄덕였다.

"아마도. 국립영재학교를 알아볼 예정이야. 하재, 너는?"

하재가 대답했다.

"나도 선배들 말씀 듣고, 내가 제일 좋아하는 게 뭔지 생각해 봤어. 그런데 역시 국가유산이더라. 관심도 많고, 궁금한 것도 많고. 또 사건을 해결하면서 국가유산을 잘 보존해야 한다는 사명감이 더 많이 생겼어. 형사로서 국가유산 보존에 앞장서는 것도 좋지만, 원래 꿈이었던 국가유산 연구원이 되어 국가유산 보존에 앞장서는 방법도 있을 것 같아."

영웅이는 저마다 자신의 길을 찾아가고 있는 아이들이 부러웠다. 특별히 잘하는 것도, 특별히 하고 싶은 것도 없는 자신이 너무 부족하게 느껴졌다. 그런데 바로 그때였다. 영웅이의 휴대전화가 울려 보니, 엄마였다.

"영웅아, 내일 집에 오니?"

"고민 중이에요. 공부할 게 많아서 학교에 남아 있을까, 아니면 집에 갈까. 왜요? 무슨 일 있어요?"

공부할 게 많아서 학교에 남아 공부를 하겠다니, 영웅이도 참 많이 달라졌다. 영웅이 엄마가 대답했다.

"아니, 집에 좀 이상한 일이 있어서."

순간, 영웅이는 불길한 느낌이 스쳤다.

"이상한 일이요?"

영웅이 엄마가 대답했다.

"큰일은 아닌데, 집 현관문 옆 벽에 누가 빨간색으로 글씨를 써 놓은 거야. 알파벳 N자를."

이틀 전에 사리가 학교 갔다 오면서 발견하고 말해 줬다는 것. 영웅이가 물었다.

"그냥 배달하는 사람이 표시한 거 아니에요? 우리 집에 매일 배달 오는 것들 있잖아요."

"그래서 물어봤지. 그런데 다 아니래."

영웅이는 솔직히 별일 아니라고 생각했다. 엄마가 좀 예민한 거 아닌가 싶었다. 그런데 영웅이 엄마가 말했다.

"그런데 오늘 진석이네랑 효민이네 엄마를 만났는데, 그 집에도 그런 표시를 해놨다는 거야."

"N자를요?"

"아니. 진석이네는 T, 효민이네는 O자."

"N, T, O? 무슨 뜻이지?"

"그러게 말이야. 누가 우리 셋이 몰려다니는 거 알고 그런 건가 싶기도 하고. 여하튼 기분이 안 좋아서."

영웅이 엄마랑 진석이네, 효민이네 아주머니는 절친한 사이다. 거의 매일 만나 동네의 온갖 일에 참견, 아니 도움을 주고 계신다. 영웅이가 말했다.

"알았어요. 그럼 내일 집에 갈게요."

전화를 끊고 영웅이가 상황을 전하자, 제인이가 놀라며 말했다.

"혹시 그거 빈집을 표시해 놓은 거 아냐? 너희 집 아무도 없을 때가 많잖아."

"그렇지. 그럼 혹시 빈집털이?"

영웅이의 말에 하재가 생각나 말했다.

"맞다. 인터넷에 그런 비슷한 괴담이 있었어. 집 초인종에 알파벳 표시가 있었고, 그게 절도범의 소행이라고."

치국이도 생각나 말했다.

"아니야. 그래서 추적해 보니까 절도범이 아니라, 신문사, 우유 배달

업체, 종교 단체들의 소행일 가능성이 크다고 하던데."

"그런 얘기 영화로도 나왔잖아. 그런데 영화에서 범인은 빈집에 들어가서 사는 사람들이었어. 그 집에 사는 사람들이 몇 명인지 표시해 놓고, 그 사람들이 다 나가면 몰래 들어가서 사는 거야."

두산이의 말에 하재가 오싹한 표정으로 말했다.

"정말? 무섭다."

별일 아니라고 생각했는데, 영웅이도 걱정이 되기 시작했다.

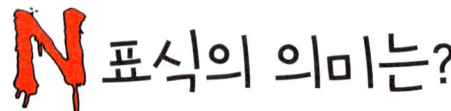 표식의 의미는?

다음 날, 영웅이가 집에 간다고 하자 아이들도 따라 나섰다. 도대체 뭔지 궁금해서 견딜 수가 없었기 때문이다. 영웅이네 집에 가니, 정말 현관문 옆 벽면에 N자가 붉은색 래커로 크고 선명하게 쓰여 있었다. 제인이가 보더니 말했다.

"생각보다 큰데. 자기만 알아보려고 쓴 것 같지는 않아."

하재가 동의했다.

"맞아. 뭔가 경고 같기도 한데. 아! YES, NO 할 때, 간단하게 Y, N으로 표시하기도 하잖아. 그런 뜻의 N이 아닐까? 그러니까 NO, 이 집은 아니라는 뜻이지."

"그럼 다른 집에 쓰여 있는 T랑 O는?"

영웅이의 물음에 하재가 어깨를 으쓱하며 말했다.
"그러네. 그걸 생각 못 했네."
그때 영웅이 엄마가 나왔다.
"아이고, 다들 왔구나. 어서 들어와라, 들어와."
집에 들어가자 영웅이 엄마가 말했다.
"그런데 그새 글씨 써진 집이 두 집이나 더 늘었어."
영웅이가 놀라 물었다.
"정말이요? 어딘데요?"
"207동 1102호랑 210동 1205호. 경비 아저씨들이 그러더라고. 그래서 가 봤더니 이번에는 I자랑 N자를 써 놨더라고."

정말 이상하다. 도대체 무슨 이유로 이런 짓을 하는 것일까? 아이들은 영웅이 엄마를 따라 다른 집을 둘러봤다. 먼저 진석이네는 영웅이네와 같은 동인 209동 703호.

영웅이 엄마의 말대로 붉은색 T자가 선명하게 쓰여 있었다. 진석이네 아주머니가 말했다.

"지울까 하다가 영웅이 엄마가 일단 그냥 두라고 해서 둔 거야. 그런데 좀 무섭네. 누가 우리 집을 감시하고 있는 것 같기도 하고."

제인이가 물었다.

"언제 발견하셨어요?"

"목요일까지는 멀쩡했는데, 금요일 아침에 보니까 있더라고. 밤에 써 놓았나 봐."

다음은 211동 901호, 효민이네로 갔다. 영웅이 엄마 말대로 O자가 쓰여 있었다. 효민이네 아주머니가 말했다.

"목요일 밤에 애 아빠가 퇴근하고 들어오다 발견했어. 래커로 써 놓아서 잘 지워지지도 않아. 도대체 누가 이런 장난을 쳤는지. 꼭 좀 잡아 줘."

207동 1102호랑 210동 1205호에도 같은 붉은색 래커로 I자와 N자가 쓰여 있었는데, 둘 다 오늘 아침에 발견했다는 것이다. 아주머니들이 말했다.

"범죄의 표적이 된 것 같아 무서워."

"집을 비우기도 그렇고, 혼자 있으면 누가 들어올까 무섭네."

그러자 영웅이 엄마가 은근히 자랑을 했다.

"걱정 마세요. 우리 아들이랑 애들이 그 유명한 CSI잖아요. 금방 잡을 거예요."

영웅이 엄마가 자랑까지 했으니, 어떻게든 빨리 잡아야 한다. 그런데 어떻게 잡을 것인가? 아이들은 영웅이네 집으로 돌아와 수사 방향을 의논했다. 먼저 하재가 말했다.

"아이들의 장난은 아닌 것 같아. 도대체 누가 이런 짓을 하는 거지?"

치국이가 의견을 말했다.

"300세대가 넘는 아파트 단지에서 다섯 집을 골라 범행을 했어. 같은 동도 아니고, 아파트 호수가 같은 것도 아니지만 범행 대상이 될 만한 공통점이 있지 않을까?"

영웅이가 고개를 갸웃하며 말했다.

"글쎄. 진석이네랑 효민이네 아주머니는 우리 엄마랑 친하신데, 나머지 두 집은 그렇게 친하지는 않으셔."

옆에서 듣고 있던 영웅이 엄마도 말했다.

"그래. 내가 반장이라 그냥 알고 지내는 정도야."

두산이가 물었다.

"가만, N자가 이 집과 210동 1205호, 두 집이잖아요. 공통점은 없어요?"

영웅이 엄마가 대답했다.

"210동 1205호는 할머니랑 할아버지 두 분만 사시는 집이야. 식구 수도 다르고, 연령대도 다르고, 종교도 다르고, 공통점이 하나도 없는데."

제인이가 의견을 내놨다.

"글자를 모으면 단어가 완성되는 것 아닐까? 일단 글자를 발견한 시간 순서대로 배열을 해 보자. 너희 집에 가장 먼저 N자를 썼고……."

영웅이가 말을 받았다.

"그 다음이 효민이네 O자, 다음이 진석이네 T자."

제인이가 고개를 갸웃하며 말했다.

"N, O, T? NOT? 영어로 '~아니다'라는 뜻이잖아."

"그런가? 그럼 오늘 아침에 써 놓은 N하고, I는? NI?"

두산이의 말에 치국이가 번뜩 떠올라 말했다.

"IN? 혹시 IN 아닌가? 영어로 '~에', '~안에'라는 뜻으로 쓰이잖아."

"NOT IN? 뒤에 뭔가 더 있어야 될 것 같은데."

하재의 말에 제인이가 고개를 끄덕이며 말했다.

"그럼 아직 다 안 썼다는 말이네. 그건 계속 이런 일이 일어날 거라는 뜻이고."

"그렇다고 뒤의 말을 다 쓸 동안 기다리고만 있을 수도 없잖아."

치국이의 말에 영웅이가 벌떡 일어나며 말했다.

"맞아. 일단 경비 아저씨들께 여쭤보자. 최근 수상한 사람이 들어왔었는지."

그래서 모두 흩어져 경비 아저씨들을 만났다. 그런데 207동 경비 아저씨가 말했다.

"어젯밤 10시 반쯤 처음 본 남자가 한 명 왔다 가긴 했어. 그런데 1202호에 간다고 하던데."

"1202호요?"

영웅이가 놀라 물었다. I자를 써 놓은 1102호랑은 한 층 차이다. 아저씨가 대답했다.

"응. 그 집 사촌 동생이라고 하더라고."

영웅이는 재빨리 1202호에 가서 주인아주머니께 어젯밤에 사촌 동생이 왔다 갔는지 물었다.

주인아주머니가 대답했다.

"아니. 그런 일 없었는데."

수상하다. 1202호에 간다고 해 놓고, 1102호에 가서 표식을 남긴 것은 아닐까? 그렇다면 CCTV 녹화 영상을 확인해 봐야 한다. 아이들은 경비 아저씨와 함께 관리 사무소로 가서 207동 아파트 현관과 엘리베이터에 설치된 CCTV 녹화 영상을 찾아 확인해 봤다. 경비 아저씨가 화면 속에서 한 남자를 찾아 가리키며 말했다.

"이 남자야."

밤 10시 32분. 현관의 CCTV 녹화 영상에는 남자가 현관문으로 들어가 엘리베이터를 타는 것까지 찍혀 있었다. 그래서 엘리베이터 안의 CCTV 녹화 영상을 찾아봤다. 나이는 30대 후반에서 40대 초반. 양복을 입고, 서류 가방을 메고 있었다. 그런데 층수 버튼을 누르고 휴대전화를 보더니, 깜짝 놀라며 버튼을 다시 누르는 것이 아닌가. 두산이가 말했다.

"어, 다시 누르는데."

하지만 CCTV의 방향이 버튼과 반대 방향이라 몇 층을 눌렀는지는 알 수가 없었다. 제인이가 얼른 현관쪽 CCTV 녹화 영상을 다시 돌려 보며 말했다.

"어디에서 내렸는지 이걸로 확인해 보자."

영상을 돌리자, 엘리베이터의 위치를 나타내는 층 표시기에 숫자가 올라가더니 '띵' 소리와 함께 멈췄다. 제인이가 소리쳤다.

"11층이야!"

"이 사람이 범인이네!"

두산이가 흥분해서 말하자, 영웅이가 의견을 말했다.

"11층에서 내린 것이 확실하니까 1101호랑 1102호에 가서 확인해 보자. 아는 사람인지."

아이들은 영상 속의 남자를 휴대전화로 촬영했다. 그리고 1101호에 가서 물었다.

"아니. 모르는 사람인데."

1102호도 모르는 사람이면 범인일 확률이 더 높아진다. 그런데 1102호 아주머니가 영상을 보더니 말했다.

"내 사촌 동생이야! 어젯밤 10시 반쯤 잠깐 왔다 갔어."

"그럼 이 분은 범인이 아니라는 말씀이세요?"

치국이가 아쉬운 표정으로 묻자, 아주머니가 대답했다.

"당연하지. 왜 그런 짓을 하겠어. 그리고 동생이 갈 때까지만 해도 표식이 없었어."

제인이가 물었다.

"경비 아저씨께는 1202호에 간다고 했다던데요."

"그래. 잘못 알고 1202호로 갈 뻔했다고 하더라고. 올라오면서 톡톡방 확인해 보니 1102호였다고. 하마터면 한밤중에 남의 집 초인종을 누를 뻔 했다면서 얘기를 하더라고."

그래. 사촌 동생이 잘못 알고 1202호로 갈 뻔 했다고 하더라고.

그렇다면 그 남자는 범인이 아니다. 어째 쉽게 잡히나 했다. 아이들이 아무 소득도 없이 영웅이네로 돌아오자, 영웅이 아빠가 말했다.

"공부하느라 바쁠 텐데 신경 쓰지 마. 별일도 아닌데 뭐."

영웅이 엄마가 말했다.

"별일이 아니긴요. 정말 범행 대상을 물색하고 표시해 둔 거면 어떻게 하려고요."

"에이, 아무렴. 자, 자! 늦었으니까 얼른 저녁 먹고 가서 쉬어라."

아이들은 영웅이 엄마와 아빠가 차려 준 저녁을 먹고 각자 집으로 돌아갔다.

N 용의자를 추적하라!

그런데 다음 날 아침. 영웅이 아빠가 세차를 하려고 나갔다가 급하게 집으로 뛰어 올라왔다.

"영웅아! 주차장으로 내려와 봐. 빨리!"

"왜요? 무슨 일이에요?"

영웅이가 놀라 묻자, 아빠가 단단히 화가 난 표정으로 대답했다.

"누가 내 차를 못으로 긁어 놨어. 그리고 차 문짝에 글씨까지 써 놨어."

영웅이와 엄마, 사리까지 놀라서 내려가 보니, 정말 차 왼쪽에 옆으로 길게 못으로 그은 자국이 트렁크까지 이어져 있었고, 차 뒤쪽 문에는 알파벳 M자를 써 놓은 것이다.

"집에 표식 써 놓은 사람이 그런 거 아냐?"

"저기 좀 봐!"

영웅이 엄마가 놀란 표정으로 말했다. 맞다. 영문자를 써 놓은 것이 똑같다. 영웅이 아빠가 화가 나 말했다.

"누군지 당장 잡아야 돼. 우리랑 무슨 원수가 졌기에 이런 짓을 하냐고!"

어제는 대수롭지 않게 생각하던 아빠도 차를 망가뜨려 놓으니 화가 많이 나는 모양. 영웅이는 주변 CCTV를 찾았다. 그러나 영웅이네 차 주변을 찍고 있는 CCTV는 없었다. 그런데 그때 문득 생각나는 게 있었다.

"아빠, 블랙박스 있잖아요. 거기에 녹화된 영상 확인해 봐요."

"맞다. 그게 있었지."

얼른 자동차 블랙박스의 SD카드를 뺀 후, 집으로 올라갔다. 그리고 SD카드를 리더기에 넣고 컴퓨터에 연결시킨 후, 어젯밤부터 오늘 아침까지 저장된 파일을 일일이 살펴봤다. 블랙박스 카메라는 차의 앞쪽과 뒤쪽을 찍는데, 앞쪽 화면에 새벽 1시쯤 차 옆으로 쓱 다가

오는 그림자가 찍혀 있었다. 하지만 그것뿐이었다. 영웅이가 말했다.

"이 사람이 분명해요. 블랙박스가 앞뒤만 찍고 옆쪽은 찍지 못하는 걸 알고 있는 거예요."

차 왼쪽의 화단으로 들어와 범행을 하고 나갔으니 앞쪽 화면에는 그림자만 찍힌 것이다. 이쯤 되면 그냥 벌이는 일이 아니다. 뭔가 앙심을 품고 하는 짓이 분명하다. 영웅이가 물었다.

"엄마, 아빠 누구한테 원한 산 거 있으세요?"

영웅이의 엄마, 아빠는 고개를 절레절레 흔들었다.

"아니, 그런 일 없어."

하기야 두 분 다 사람들한테 원한 살 일을 하실 분들은 아니다. 그렇다면 누구란 말인가. 사리가 의견을 냈다.

"다른 집 차도 이렇게 해 놨나 물어봐요."

영웅이 엄마가 나섰다.

"맞다. 진석이네랑 효민이네 전화해 봐야겠다."

잠시 후, 영웅이 엄마의 전화를 받고 진석이네 아주머니와 효민이네 아주머니가 뛰어나왔다. 효민이네는 영웅이네와 같이 지상 주차장에, 진석이네는 지하 주차장에 차를 세웠다는 것. 그런데 효민이네 차를 확인하자, 있다! 똑같이 못으로 옆면을 긁어 놓고, 차 문에 알파벳 Y를 써 놓은 것이다. 효민이네 아주머니가 놀라 소리쳤다.

"어머나, 이를 어째! 산 지 1년도 안 된 새 차인데!"

영웅이는 얼른 효민이네 차 블랙박스 영상을 확인해 봤다. 하지만 새벽 1시 6분쯤 잠시 이상한 소리가 날 뿐, 범인의 모습은 찍혀 있지 않았다. 영웅이네 차를 긁고 나서 바로 효민이네 차를 긁은 게 분명하다. 영웅이 아빠가 말했다.

"진석이네 차로 가 보자."

진석이네 차가 주차되어 있는 지하 주차장으로 내려가자, 먼저 내려가 확인한 진석이네 아주머니가 소리쳤다.

"우리 차는 괜찮아요!"

영웅이 엄마가 나머지 두 집에도 전화해 차를 확인해 보라고 했는데, 두 집 다 지하 주차장에 주차했고, 다행히 멀쩡하다는 것. 영웅이가 주변 CCTV를 확인하고 말했다.

"지하 주차장에는 곳곳에 CCTV가 있잖아요. 그래서 범행을 못한 거예요."

영웅이네와 효민이네 차는 지상 주차장, 그것도 CCTV가 닿지 않는 곳에 세워진 것을 확인하고 범행한 것이다. 범인은 다섯 집의 주소뿐 아니라, 어떤 차를 갖고 있는지, 어디에 주차를 해 놨는지까지 알고 있다. 다섯 집의 움직임을 계속 주시하고 있다는 뜻. 영웅이는 생각했다.

'이렇게 잘 아는 사람이라면, 아파트 주민이 아닐까?'

보통 일이 아니다. 더 큰일을 저지르기 전에 빨리 범인을 잡아야 한다. 영웅이는 아이들에게 전화해 상황을 전했다. 잠시 후, 아이들이 영웅이네 집으로 왔다. 제인이가 말했다.

"M이랑 Y? 그럼 MY, '나의'라는 뜻이잖아."

치국이가 말했다.

"글자를 다 연결해 보면, NOT IN MY. '나의 ~가 아니다?' 뭐가 아니라는 말이지?"

두산이가 의견을 말했다.

"여하튼 뭔가 자신의 의견을 전달하려는 게 분명해. 경고 같은 것이지."

그런데 마침 이 형사가 고모와 함께 영웅이네 집으로 점심을 먹으러 왔다. 아이들이 그동안 일어난 사건에 대해 말하자, 이 형사가 심각한 표정으로 말했다.

"아파트 주민 중에 범인이 있는 것 같은데."

영웅이와 같은 생각인 것. 이 형사가 영웅이 엄마, 아빠에게 말했다.

"순찰을 더 강화하는 게 좋을 것 같아요. 경비 아저씨들께 경비를 강화하라고 하고, 경찰서에도 순찰을 더 자주 돌도록 부탁할게요."

영웅이 엄마가 반기며 말했다.

"역시 형사님이 계시니까 좋네요. 호호호."

그런데 그때 고모가 물었다.

"혹시 최근에 아파트 사람들끼리 싸운 적 있으세요?"

"글쎄요. 그런 일은 없었는데……."

영웅이 엄마가 대답하자, 사리가 번뜩 생각나 말했다.

"있었잖아요. 쓰레기 소각장 건립한다고."

영웅이 엄마가 말했다.

"그건 싸운 게 아니지. 그냥 의견들이 달라서……."

"그것 때문에 주민들끼리 몇 번 언성이 높아지긴 했지."

영웅이 아빠의 말에 영웅이가 눈이 반짝하며 물었다.

"쓰레기 소각장 건립이요? 그래서 어떻게 됐어요?"

"지난 주말에 주민 투표해서 건립하는 걸로 통과됐어."

영웅이 아빠가 대답하자 엄마가 한숨을 쉬며 말했다.

"아유, 반대하는 사람들 마음 돌리느라 내가 얼마나 힘들었는데. 일일이 찾아다니며 쓰레기 소각장을 왜 지어야 하는지, 우리한테 어떤 이득이 있는지 설명하느라 혼났다니까."

그런데 바로 그 순간, 영웅이는 번뜩 떠오르는 말이 있었다.

'NOT IN MY? NOT IN MY BACK YARD? 그래, 바로 그거야!'

영웅이가 소리쳤다.

"알았어요! 님비예요. 님비!"

쓰레기 소각장은?

쓰레기를 태워서 처리하는 시설을 말해. 이때 발생하는 높은 열로 전기를 만들고, 주변 지역에 따뜻한 물과 난방을 공급할 수 있지. 또 쓰레기를 땅속에 묻는 것보다 부피는 95~99%, 무게는 80~85%를 줄일 수 있어. 하지만 비닐이나 플라스틱 등이 타면서 다이옥신과 같은 독성 물질이 배출되지 않도록 항상 점검하고 관리해야 돼.

그러자 고모와 이 형사도 생각난 듯 소리쳤다.

"맞다! NOT IN MY BACK YARD!"

제인이가 물었다.

"내 뒷마당에는 안 된다? 그런 뜻이야?"

영웅이가 말했다.

"맞아. 각 단어의 첫 알파벳 N, I, M, B, Y를 따서 님비라고 하지. 깨끗하고 쾌적한 생활을 위해 꼭 필요한 시설을 환경 기초 시설이라고 하거든. 예를 들면, 쓰레기 매립장이나 소각장, 폐수 처리장, 물 재생 센터, 화장터, 공원묘지 같은 거 말이야. 그런 시설들을 내 뒷마당, 즉 우리 동네에는 지을 수 없다는 뜻이지."

"왜? 꼭 필요한 시설인데?"

하재가 묻자, 영웅이가 대답했다.

"꼭 필요한 시설이긴 하지만, 악취, 소음, 교통 문제 등이 생길 수 있거든. 그런 게 있으면 아파트 값이나 땅값이 떨어진다고 생각하기도 하고."

변호사인 고모가 말했다.

"그래서 환경 기초 시설을 지을 때면 자신들의 이익만 강조하는 님비 현상으로 인해 주민들 간에 다툼이 일어나기도 하고, 종종 법적인 문제로까지 번지기도 하지."

구청 공무원인 영웅이 아빠가 말했다.

"이번 쓰레기 소각장 건립도 처음에는 반대하는 사람들이 꽤 많았어. 대기오염이 생길 수도 있고, 집값도 떨어진다고. 그래서 우리 구청에서는 공청회를 열어 주민들에게 쓰레기 소각장 건립이 왜 필요한지 자세히 설명하고, 주민들의 의견을 적극 반영하기도 했지."

영웅이 엄마가 나섰다.

"사람들이 눈앞의 이익만 보고 반대를 하더라고. 그래서 내가 그랬지. 쓰레기 소각장이 없으면 그 많은 쓰레기를 다 어떻게 하느냐, 매립지도 한계에 다다랐다는데. 그러니 소각장 건설해서 태우고, 그걸 난방 연료로 쓰면, 연료도 절약하고, 난방비도 줄일 수 있다는데, 그럼 일석삼조가 아니냐!"

고모가 놀란 표정을 지으며 장난스럽게 말했다.

"우와! 우리 언니, 국회로 보내 드려야겠는데요."

"그럴까요? 국회의원 한번 나가 볼까요?"

"하하하."

영웅이 엄마의 너스레에 모두 웃음이 터졌다. 이 형사가 물었다.

"이번에 피해를 본 분들은 어떠셨어요? 쓰레기 소각장 건립에 적극

공청회란?

함께 모여 의견을 듣는 회의라는 뜻으로, 국회나 행정 기관에서 국민적으로 관심이 있는 일이나 사회적으로 영향력이 큰일에 대해 전문가와 국민의 의견을 듣는 회의를 말해. 국가나 지방자치단체의 의사 결정 과정에 국민을 참여시키는 방법으로, 민주주의를 실천하는 제도라고 할 수 있지.

나서셨어요?"

"진석이네랑 효민이네는 나랑 같이 다니면서 찬성표를 모았죠. 나머지 두 집도 공청회에서 찬성하는 발언을 했고요."

영웅이가 말했다.

"그러니까 범인은 이번 쓰레기 소각장 건설을 반대했던 사람일 거예요. 소각장 건설이 통과되자, 찬성표를 모은 사람들에게 앙심을 품은 거죠."

사리가 끼어들었다.

"그래서 우리 집이 첫 번째 표적이 된 거구나!"

"반대하던 사람들 중에 해코지할 만한 사람 없어요?"

고모가 묻자, 영웅이 엄마가 고개를 갸웃하며 말했다.

"글쎄요. 잘 모르겠어요."

정말 영웅이의 추리가 맞을까? 그렇다면 범인은 누구일까? 어떻게 잡아야 될까?

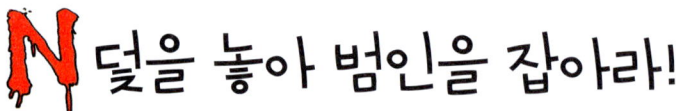

덫을 놓아 범인을 잡아라!

이 형사가 말했다.

"이런 일은 현장에서 잡아야 해요. 덫을 놓는 거예요."

"덫이요?"

아이들이 동시에 묻자, 이 형사가 대답했다.

"영웅이의 추리가 맞다면, 범인은 나머지 뒤의 글자를 쓰려고 할 거야. 오늘 밤, 그 글자를 쓸 수 있게 해 주는 거지."

영웅이가 알아듣고 말했다.

"아! 범인이 범행을 할 수 있도록 차를 지상 주차장에 갖다 놓고 잠복하자는 거죠?"

하재가 얼른 동의했다.

"하기야 '거미도 줄을 쳐야 벌레를 잡는다'는 속담도 있으니까요."

"그건 또 무슨 속담이야?"

두산이의 물음에 하재가 대답했다.

"모든 일은 준비가 있어야 결실을 얻을 수 있다는 뜻이지."

그렇다면 이제 필요한 건 범인이 범행 대상으로 삼을 차. 고모가 물었다.

"차를 건드리지 않은 집이 세 집 있다고 했죠?"

"네. 그런데 선뜻 차를 내줄지……. 일단 부탁해 볼게요."

영웅이 엄마가 곧바로 진석이네 아주머니를 불렀다. 아주머니에게 상황을 전달하고, 오늘 밤 차를 지상 주차장에 세워 달라고 부탁했다. 아주머니는 잠시 망설이더니 말했다.

"10년 된 차라 흠집이 좀 나도 괜찮긴 한데, 그래도 흠집 내기 전에 꼭 잡아 주세요."

"알겠습니다. 걱정 마세요."

이 형사가 약속했다. 그렇게 해서 한밤의 범인 검거 작전이 시작됐다. 저녁 7시. 범인이 범행할 차량을 물색할 시간을 주기 위해 일찌감치 진석이네 아주머니가 차를 지상 주차장에 세웠다. CCTV도 없고, 사람들의 왕래가 많지 않고, 영웅이네 집 베란다에서 내려다 볼 수 있는 곳을 골랐다. 그리고 그 차를 앞뒤에서 잘 관찰할 수 있는 위치에 이 형사의 차와 고모의 차를 세웠다.

범행은 주로 밤 12시 이후에 이루어지는 것으로 보이지만 만약을 위해 밤 11시부터 잠복을 시작했다. 영웅이네 집 베란다에서는 치국이와 하재가 잠복해 지상 주차장 전체의 움직임을 관찰하기 시작했다. 이 형사와 제인이는 이 형사 차에, 두산이와 영웅이는 고모 차에서 불을 끄고 잠복했다.

과연 범인이 나타날 것인가? 밤 12시가 넘어가고, 새벽 1시가 다가올수록 아이들은 긴장되기 시작했다. 이제 주차장은 오가는 사람이 전혀 없는 상태. 각 동의 경비 아저씨들도 대부분 잠들 시간이다. 그렇게 또 시간이 흘러 새벽 1시 20분. 그런데 오가는 사람이 전혀 없었다. 영웅이네 집 베란다에서 내려다보고 있던 치국이가 말했다.

"혹시 일요일이라 안 하는 건 아닐까?"

하재도 걱정스런 표정으로 말했다.

"그러게. 아니면, 진석이네 차를 발견하지 못한 건 아닐까?"

차에서 잠복하고 있던 두산이와 영웅이도 걱정이 됐다. 두산이가 말했다.

"낮에 우리가 왔다 갔다 하는 거 봤나? 그래서 형사들이 온 줄 알고 그만둔 거 아냐?"

그런데 바로 그때, 하재가 무전을 했다.

"211동 현관에서 누군가 나왔어요. 그쪽 방향으로 가고 있어요."

211동은 영웅이네 209동과는 마주 보고 있는 위치. 정말 모자를 푹 눌러쓴 남자 한 명이 주위를 살피며 진석이네 차가 있는 쪽으로 오고 있는 것이 아닌가! 진석이네 차와 마주 보는 곳에 차를 대고 있던 영웅이랑 두산이는 얼른 몸을 숨겼다. 이 형사가 무전했다.

"내가 지시하면 영웅이, 두산이 나온다. 우리가 뒤에서 엄호할게."

"네!"

그 순간, 남자는 진석이네 차 바로 옆에 섰다. 그러더니 주위를 한 번 둘러봤다. 모두 숨죽여 남자의 행동을 주시했다. 남자가 뭔가를 꺼내려는 듯 주머니에 손을 넣었다. 이 형사가 남자를 관찰하며 말했다.

"자, 꺼낸다! 하나, 둘, 출동!"

이 형사의 말이 끝남과 동시에 영웅이와 두산이가 차 문을 열고 뛰어나오며 소리쳤다.

"잠깐만요!"

갑작스런 소리에 남자가 화들짝 놀라더니 얼른 손에 갖고 있던 것을 주머니에 다시 넣었다.

그런데 보니, 60대가 훨씬 넘어 보이는 할아버지가 아닌가! 영웅이가 다가가며 물었다.

"지금 뭐하시는 거예요?"

할아버지가 발뺌을 했다.

"어? 그, 그냥 지나가는 건데."

"차 긁으려고 하신 거 아니고요?"

두산이가 묻자, 할아버지는 큰소리를 쳤다.

"무슨 소리야! 남의 차를 왜 긁어?"

이 형사와 제인이가 할아버지를 에워쌌다. 움찔하는 할아버지. 제인이가 물었다.

"그럼 주머니에 있는 건 뭐죠?"

"주머니? 아, 아무것도 없어."

할아버지가 시치미를 떼자, 이 형사가 재빨리 할아버지의 두 팔을 들어 차에 대게 했다.

"지금 뭐하는 거야? 아무것도 없다니까!"

할아버지가 소리쳤지만, 영웅이는 아랑곳하지 않고 주머니를 뒤졌다. 그리고 커다란 대못 세 개를 꺼내 보이며 말했다.

"못이 있네요."

"그래서 뭐? 내가 못으로 이 차를 긁기라도 했다는 거야?"

발뺌하는 할아버지. 그런데 그때였다.

"어머나! 이제야 생각나네. 처음 공청회 했을 때 막 소리 지른 분이죠? 쓰레기 소각장 지으면 집값 떨어진다고."

영웅이 엄마였다. 위에서 범인이 잡힌 것을 보고, 치국이, 하재, 사리, 영웅이 아빠, 영웅이 엄마, 그리고 고모, 진석이네 아주머니까지 모두 내려온 것이다. 갑자기 사람들이 몰려나오자, 할아버지는 기가 죽은 목소리로 말했다.

"내가 언제!"

끝까지 오리발을 내미는 할아버지. 하지만 영웅이 엄마도 지지 않았다.

"저한테 막 삿대질도 하고, 당신이 집값 떨어지면 책임질 거냐고 그러셨잖아요."

그러자 진석이네 아주머니도 말했다.

"맞아요. 나도 봤어요."

이 형사가 나섰다.

"지금 현행범으로 잡히신 거예요. 성함이 어떻게 되시죠?"

"나 김만복이요! 왜요?"

이젠 화까지 내는 할아버지. 이 형사가 근엄한 표정으로 말했다.

"이건 재물 손괴죄에 해당합니다. 형법 제366조에 의하면, 3년 이하의 징역 또는 700만 원 이하의 벌금에 처할 수 있어요."

"허참! 이거 보쇼. 내가 왕년에 법 공부 좀 했어. 이 정도 가지고 징역까지는 안 가. 벌금 몇 푼 내면 되지."

완전 적반하장이다. 영웅이가 날카롭게 되물었다.

"그럼 지금 범행 인정하신 거네요."

그러자 오히려 큰소리를 치는 할아버지.

"다 당신들 때문이야. 쓰레기 소각장 세워지기만 해 봐. 내가 가서 다 부숴 놓을 테니까!"

자신은 절대 잘못한 것이 없고, 다른 사람들만 잘못했다는 할아버지. 완전 이기주의에 고집불통이다. 결국 김만복은 재물 손괴죄로 행복동 경찰서에 넘겨졌다. 이제 피해자들이 얼마나 손해를 봤는지와 피해자와의 합의 여부에 따라 처벌 수위가 정해질 것이다.

사건이 해결되자, 진석이네 아주머니가 영웅이와 아이들을 칭찬했다.

"영웅이 똑똑한 거야 잘 알고 있었지만 정말 다들 대단하네. 부러워요, 영웅 엄마!"

"똑똑하기는요, 뭘. 호호호."

말은 그렇게 하지만 딱 봐도 어깨가 으쓱한 영웅이 엄마. 영웅이 아빠도 영웅이의 어깨를 넌지시 두드렸다. 영웅이는 느낄 수 있었다. 엄마, 아빠가 자신을 얼마나 자랑스럽게 생각하는지.

그날 밤, 영웅이는 잠이 오지 않았다. 엄마, 아빠의 행복한 표정이 계속 맴돌았다. 그리고 생각했다.

'예전의 나는 착한 아들이기는 했지만, 자랑스러운 아들은 아니었어.'

하지만 지금은 다르다. 부모님의 자랑스러운 아들이 된 것이다. 어쩌면 어린이 형사 학교에 입학하고 형사가 되면서 영웅이의 숨어 있던 능력이 발휘된 것일지도 모른다. 여하튼 영웅이는 기분이 좋았다.

'부모님께 자랑스러운 아들. 그렇다면 형사가 되는 것도 좋지 않을까?'

그런 생각을 하자, 갑자기 가슴이 두근거리기 시작했다. '뭘 할 때 가장 행복한가' 생각해 보라고 했던 선배들의 말을 생각하며 영웅이는 결심했다. 형사가 되기로.

영웅이가 들려주는 사건 해결의 열쇠

　동네에서 벌어진 수상한 표식 사건. 이 사건을 해결할 수 있었던 것은 환경 기초 시설과 지역 이기주의에 대해 잘 알았기 때문이야.

 환경 기초 시설이란?

　환경 기초 시설이란 우리가 깨끗하고 쾌적하게 살기 위해서 꼭 필요한 시설을 말해. 우리가 사용하는 대부분의 물건들은 언젠가는 쓰레기가 되기 때문에 이를 땅에 묻는 매립장이나 태워 없애는 소각장이 필요해. 그런 시설들이 없다면 우리 주변은 온통 쓰레기로 가득 찰 거야.

쓰레기 매립장

물 재생 센터

원전 수거물 관리 센터

환경 기초 시설은 국토를 효율적으로 이용하기 위해 꼭 필요한 시설들이야.

〈환경 기초 시설〉

또 마시거나 생활하는 데 필요한 깨끗한 물을 얻으려면 폐수 처리장, 물 재생 센터가 필요하고, 산업 발전과 에너지 생산을 위해서는 원자력 발전소나 원전 수거물 관리 센터 등이 필요하지. 그 밖에도 장애인 시설이나 화장터, 공원묘지 등도 없어서는 안 될 시설들이야.

이렇게 환경 기초 시설은 우리 생활 주변에서 일어나는 각종 공해를 줄여 환경을 보전하거나, 국토를 효율적으로 이용하기 위해서 꼭 필요한 시설들이지.

💡 지역 이기주의란?

하지만 환경 기초 시설로 인해 문제가 발생하기도 해. 환경 기초 시설이 들어서면 오가는 차량이 많아지면서 주변 교통이 혼잡해질 수도 있고, 각종 악취나 소음이 발생할 수도 있지. 그래서 지역에 환경 기초 시설을 지을 경우 국가나 지역, 주민들 간에 갈등이 생기기도 해.

환경 기초 시설이 필요하다는 것은 알지만 악취나 소음, 분진 등 생활상의 문제를 일으키고, 교육 여건이 안 좋아지거나 주변 땅값을 하락시킬 수 있다는 생각에 자기 지역에 세우는 것은 반대하기 때문이지. 이러한 갈등은 양보와 타협 없이 자기 지역의 이익만을 위해 행동하는 '지역 이기주의'에서 비롯되는 경우가 많아.

대표적인 지역 이기주의 현상은 'Not In My Back Yard' 즉, 내 뒷마당에는 안 된다는 뜻을 줄여서 말하는 님비(NIMBY) 현상이 있어. 환경 기초 시설을 자기 지역 주변에 설치하는 것을 반대하는 것을 말하지. 반대로 'Please In My Front Yard' 즉, 내 집 앞마당에 와 달라는 뜻을 줄인 핌피(PIMFY) 현상도 있어. 자기 지역에 이익이 되는 시설의 설치를 찬성하려는 것으로 지하철역, 대형 할인점, 문화 시설, 공원 등 주민들의 생활에 편리함을 주거나 이익을 주는 시설을 건설할 때 나타나는 현상이지. 또 'Build Absolutely Nothing Anywhere Near Anybody' 즉, 어디에든 아무것도 짓지 말라는 뜻의 바나나(BANANA) 현상도 있어. 환경 오염 문제가 심각해지면서 쓰레기 매립장이나 핵폐기물 처리장 등과 같은 각종 환경 오염 시설물을 자기 지역권 내에는 절대 짓지 말라는 말이지.

님비 현상

핌피 현상

〈님비 현상, 핌피 현상〉

💡 지역 갈등을 해결하는 방법은?

지역 이기주의로 인한 지역 갈등을 어떻게 극복할 수 있을까? 경기도 하남시에 지어진 유니온파크는 국내 최초로 지하에 폐기물 처리 시설과 하수 처리 시설을 함께 설치한 환경 기초 시설이야. 하남시와 지역 주민들이 협의를 통해 하수 및 폐기물 처리 시설을 지하에 설치하여 악취가 퍼지는 것을 막기로 하고, 그 대신 지상에는 산책로, 잔디 광장 등의 공원 시설과 실내체육관, 테니스장과 같은 생활 체육 시설을 만들어 주민들이 여가를 즐길 수 있도록 했지.

또 경기도 이천시는 쓰레기 소각장을 건립할 때 주민 대표, 지방 의원, 환경 전문가가 논의하여 주민들을 위한 레포츠 공원과 스포츠 센터를 함께 건립했어. 기피 시설로 여겨지는 환경 기초 시설을 주민들이 사용할 수 있는 공간으로 바꾼 것이지.

 따라서 환경 기초 시설을 만들 때는 대화와 타협을 통해 갈등을 조절하고 해결하도록 노력해야 돼. 주민들도 무조건 안 된다고 반대만 할 것이 아니라 환경 기초 시설에 대한 부정적인 생각을 바꾸고, 시설이 세워졌을 때의 장단점을 잘 생각해 봐야 돼. 국가나 지방자치단체는 환경 기초 시설의 설립을 계획하는 단계부터 지역 주민들의 의견이나 바람을 충분히 듣고 토론하고 합의하는 과정을 마련해야 해. 또 주민들의 의견을 따를 수 없을 때는 대안을 제시하고, 시설로 인해 손해를 보는 주민들에게는 적절한 보상도 해야 하지. 즉 대화와 타협은 지역을 발전시키고 민주주의를 실천하는 가장 좋은 방법이야.

〈지역 갈등의 해결 방법〉

 그러니까 생각해 봐. 현관문 옆과 자동차에 남겨진 알파벳 표식. 무슨 뜻인지 전혀 알 수가 없었는데 알파벳을 조합한 결과, 님비라는 말이 생각났어. 그래서 쓰레기 소각장 건설에 반대했던 사람들 중에 범인이 있을 것으로 추리했고, 잠복 끝에 범인을 잡을 수 있었지.

핵심 학습 주제 **소비자의 권리와 책임**

일반 사회 | 지리 | 역사 | **경제** | 정치

겨울밤의 강도 사건

"설거지 할 때 쓰는 쇠 수세미요?"
두산이의 물음에 아주머니가 말을 이었다.
"그래. 그걸 먹고 입에서 피가 났다면서
치료 받아야 된다고 돈을 달라는 거야."
"크게 다친 건 아니고요?"

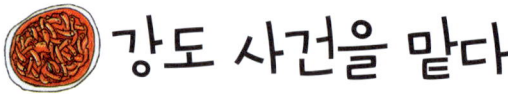 강도 사건을 맡다

겨울 방학이 시작됐다. 그러나 졸업 시험을 앞두고 있는 아이들은 계속 학교에 남아 공부를 하고 있었다. 그러던 어느 날 저녁. 밥을 든든하게 먹었는데도 늘 밤 9시쯤 되면 출출해지니, 자꾸 간식 생각이 났다. 두산이가 먼저 말을 꺼냈다.

"나 공부 너무 열심히 했나 봐. 배고파."

영웅이가 맞장구를 쳤다.

"나도. 맛있는 거 없나?"

제인이도 나섰다.

"이럴 땐 매콤한 게 최고인데!"

그러더니 하재랑 마주 보며 동시에 소리쳤다.

"떡볶이!"

하재가 이어 말했다.

"맛있겠다. 떡볶이 먹고 싶다."

그러자 말이 끝나기가 무섭게 치국이가 벌떡 일어나며 말했다.

"그래? 내가 사다 줄까?"

"오! 하재가 먹고 싶다니까 벌떡 일어나네. 역시 사랑의 힘은 위대하다니까."

두산이가 놀리자, 치국이가 부인했다.

"아니야. 제인이도 먹고 싶다고 했잖아."

하재가 얼른 말렸다.

"그러지 말고 우리 시켜 먹자."

이번에는 영웅이가 놀렸다.

"오! 치국이가 한밤중에 나간다니까 걱정된다 이거지."

제인이도 끼어들었다.

"그러게 말이야. 둘이 너무 챙기는 거 아냐? 여자 친구, 남자 친구 없는 우리만 불쌍하지 뭐."

치국이랑 하재가 동시에 손사래를 쳤다.

"아니야. 그게 아니라······."

"푸하하하."

모두 웃음이 터졌다. 아이들은 치국이와 하재가 서로를 끔찍이 챙기는 모습이 예쁘기도 하고, 질투가 나기도 했다. 또 이렇게 둘을 놀리는 재미도 쏠쏠했다.

"그런데 이 시간에 떡볶이도 배달해 줘?"

제인이의 물음에 하재가 휴대전화를 꺼내며 대답했다.

"당연하지. 늦은 시간에도 다 배달해 줘."

그러더니 배달 앱을 실행시키며 말했다.

"GPS를 켜 놓으면 이 근처에 있는 가게들이 쭉 나오거든. 봐, 떡볶이 집도 많지?"

하재가 보여준 앱에는 학교 근처 음식점 목록이 쭉 떠 있었다. 제인이가 보고 말했다.

"정말! 어! 떡볶이만세도 아직 영업하네. 우리 여기서 시켜 먹자."

지하철역 앞에 있는 떡볶이 집인데, 아이들이 즐겨 찾는 곳이다. 두산이도 말했다.

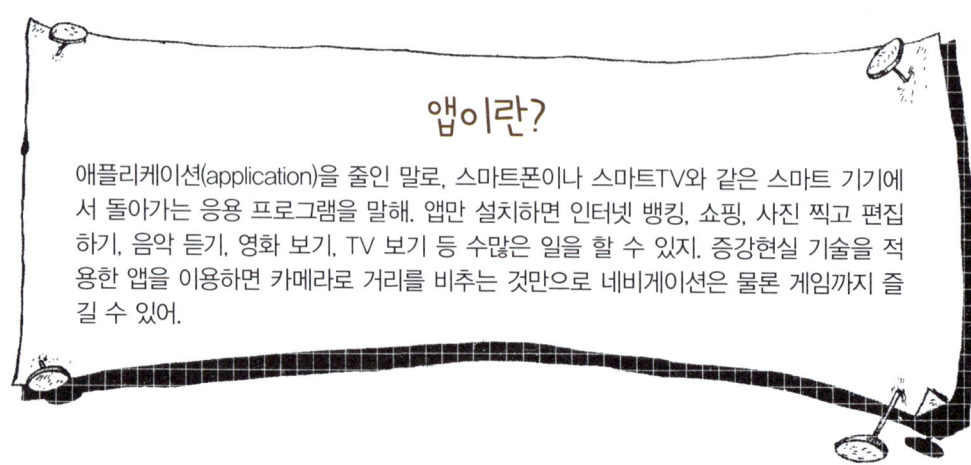

앱이란?

애플리케이션(application)을 줄인 말로, 스마트폰이나 스마트TV와 같은 스마트 기기에서 돌아가는 응용 프로그램을 말해. 앱만 설치하면 인터넷 뱅킹, 쇼핑, 사진 찍고 편집하기, 음악 듣기, 영화 보기, TV 보기 등 수많은 일을 할 수 있지. 증강현실 기술을 적용한 앱을 이용하면 카메라로 거리를 비추는 것만으로 네비게이션은 물론 게임까지 즐길 수 있어.

"여기도 늦게까지 배달해 주는구나. 미리 알았으면 자주 시켜 먹었을 텐데."

그런데 떡볶이만세에 대한 리뷰를 살펴보던 제인이가 말했다.

"근데 여기 왜 이렇게 나쁜 리뷰가 많지? '맛 되게 없다. 토할 뻔했다.'"

치국이가 황당한 표정으로 말했다.

"그러네. 맛있는데 왜 그러지? '두 번 다시는 안 시킨다', '매장에 가 봤는데 완전 더러움' 좋은 리뷰는 별로 없고 거의 다 나쁜 리뷰야."

"거기 꽤 깨끗한 편 아닌가?"

영웅이가 의문을 제기하자 하재가 동의했다.

"그렇지. 주인아주머니, 아저씨도 좋고. 덤도 많이 주시잖아. 그런데 이런 말이 쓰여 있으니까 왠지 좀 망설이게 된다."

치국이도 고개를 끄덕였다.

"그러게. 다른 데 찾아볼까?"

그러자 두산이가 말했다.

"좋다는 리뷰도 다 믿을 건 못 된다고 하더라. 가게에서 일부러 좋은 리뷰 써 놓은 곳도 많대."

의리의 영웅이가 나섰다.

"그래. 우리는 먹어 봤으니까 리뷰 믿지 말고 그냥 시키자."

"그러자."

아이들도 동의했다. 그래서 하재가 전화를 걸었다. 그런데 한참 신호가 가도 전화를 받지 않았다.

"벌써 끝났나?"

영웅이의 말에 하재가 영업시간을 확인했더니, 밤 10시.

"밤 10시까지인데. 오늘은 영업 안 하나 봐."

"아쉽지만 할 수 없지 뭐. 다른 곳에서 시켜 먹자."

치국이가 말했다. 그래서 다른 떡볶이 집을 검색해 그중 리뷰가 괜찮은 곳을 찾아 주문을 했다. 그런데 떡볶이가 배달되고 모두 잔뜩 기대하며 먹었지만 별로 맛이 없었다. 두산이가 실망해 말했다.

"거 봐. 엉터리 리뷰도 많다니까."

맛없는 떡볶이를 먹고 나니, 아이들은 왠지 떡볶이만세의 떡볶이가 더 먹고 싶어졌다. 그래서 주말에 집에 갈 때 꼭 사 먹기로 약속했다.

드디어 토요일 오후, 아이들은 집에 가는 길에 떡볶이만세에 들렀다. 그런데 주인아주머니가 벌써 문을 닫는 중이었다. 제인이가 놀라 물었다.

"벌써 문 닫으세요?"

아주머니가 아이들을 알아보고 말했다.

"그래. 미안하다. 아저씨가 다쳐서 병원에 입원했거든. 내가 가 봐야 해서."

오지랖 넓은 영웅이가 얼른 물었다.

"다치셨어요? 왜요?"

아주머니는 얼굴이 급격히 어두워지며 대답했다.

"3일 전에 강도를 당했거든. 생명에는 지장이 없는데, 좀 많이 다쳤어."

아이들이 놀라 동시에 되물었다.

"강도요?"

"응. 그날따라 내가 먼저 집에 들어갔거든. 아저씨가 혼자 가게 문을 닫고 집으로 돌아오는데, 강도가 나타나서 둔기로 머리를 내리친 거야.

그리고 그날 장사한 돈을 다 훔쳐 갔어."

다행히 지나가던 사람이 빨리 발견해 목숨을 구할 수 있었다는 것이다. 두산이가 물었다.

"범인은 잡았어요?"

"아직. 경찰이 수사 중이라는데 감감무소식이야."

아주머니가 답답하다는 듯 말했다. 아이들은 이틀 전 밤에 전화했을 때 전화를 받지 않았던 이유를 알게 됐다. 아이들은 빨리 쾌차하시라는 인사를 하고 헤어졌다.

그런데 주말이 지나고 월요일에 학교에 가자, 이 형사가 아이들을 불렀다.

"폭행 강도 사건이야. 관할 경찰서에서 최근 살인 사건이 세 건이나 터지는 바람에 수사를 부탁했어. 피해자의 요청도 있고 해서."

"피해자의 요청이요? 피해자가 누군데요?"

두산이의 물음에 이 형사가 대답했다.

"지하철역 근처에 떡볶이만세라고 있지?"

영웅이가 생각나 말했다.

"어! 그 아저씨 사건이에요?"

아이들이 아주머니를 만나 사건에 대해 들었다고 말하자, 이 형사는 고개를 끄덕였다.

"그래서 아주머니가 우리한테 수사를 부탁한 거구나."

아주머니가 경찰서에 가서 사회 형사대 CSI에게 수사를 부탁하고 싶다고 했다는 것. 마침 교장 선생님도 그 가게 단골이라 흔쾌히 허락하셨다는 것이다. 그렇게 해서 아이들은 폭행 강도 사건을 맡게 되었다.

원한에 의한 범행?

이 형사와 아이들은 사건을 담당한 허인상 형사를 만나 그동안 수사한 내용을 들었다.

"범행 현장 주변에 CCTV가 없어요. 그 골목이 밤에는 사람이 잘 다니지 않는 곳이라 목격자도 없고요."

증거가 될 만한 것을 찾지 못했다는 것. 범행 현장은 가게에서 200미터 정도 떨어져 있고, 아저씨네 집에서는 350미터 정도 떨어진 곳. CCTV가 없는 외진 골목길에서 범행을 저질렀다는 것은 그 길에 대해 잘 알고 있거나, 미리 범행 장소를 답사했다는 말이다. 게다가 그 길이 아저씨가 매일 집에 가는 길이고, 가게를 마치고 그날 매상을 현금으로 가지고 간다는 것을 알고 범행 대상으로 삼은 건 아닐까? 그렇다면 우발적인 범행이 아닌 사전에 철저하게 준비된 범행이다.

이 형사와 아이들은 피해자인 떡볶이만세의 주인아저씨를 만나기 위해 병원으로 향했다. 아주머니와 아저씨가 반겼다.

"수사 맡아 줘서 정말 고맙다. 꼭 좀 잡아 줘."

아저씨의 상태를 보니, 머리에 골절과 출혈이 있을 뿐 아니라, 팔, 다리에도 골절이, 그리고 온몸에 타박상이 있었다. 한마디로 무지막지하게 폭행을 당했다는 것. 영웅이가 놀란 표정으로 물었다.

"돈을 빼앗으려 했다고 해도 너무 지나치게 폭행한 것 같은데요. 아저씨도 반격하셨어요?"

아저씨가 말도 안 된다는 표정으로 말했다.

"아니. 처음에 머리를 맞고 쓰러져서 바로 정신을 잃었어."

제인이가 황당하다는 표정으로 물었다.

"그런데도 이렇게 무지막지하게 때렸다고요? 빼앗긴 돈이 얼마나 되는데요?"

"그날 매상 30만 원 정도."

아주머니의 말에 두산이도 기가 막힌다는 듯 말했다.

"그럼 30만 원을 빼앗겠다고 사람을 이 지경으로 만들었다는 말이에요? 정말 너무하다."

이 형사가 물었다.

"여러 상황으로 봐서 단순 강도는 아닌 것 같은데, 혹시 주변에 원한 가질 만한 사람은 없나요?"

아주머니가 고개를 갸웃하며 말했다.

"글쎄요. 그건 생각을 안 해 봐서. 그냥 돈을 빼앗는 강도라고만 생각했거든요."

그런데 그때, 아저씨가 생각난 듯 말했다.

"혹시 권혁수인가?"

"권혁수요? 아르바이트했던 애?"

아주머니가 놀란 표정으로 묻자 아저씨가 대답했다.

"응. 돈 더 안 주면 고용노동부에 신고하겠다고 협박도 하고 그랬잖아."

"어머, 그런가 보다! 권혁수가 맞나 보네."

아주머니가 동의하자 이 형사가 물었다.

"권혁수가 누구죠?"

"한 달 전에 우리 집에서 10일 정도 아르바이트했던 청년이 있었어요. 그런데 하도 일도 안 하고 게을러서 그만두게 했거든요. 원래 6개월 정도 일하기로 하고, 하루에 8시간 근무하면 6만 원씩 주기로 했는데, 매일 30분, 한 시간씩 늦게 오는 거예요. 그래서 일당 정산할 때 그걸 빼고 줬죠."

아주머니의 말을 아저씨가 받았다.

"그랬더니, 6개월 고용하기로 해 놓고 일찍 자른 게 계약 위반이고,

고용노동부는?

고용과 노동에 관한 사무를 관장하는 중앙행정기관이야. 특히 근로자의 피해를 막기 위해 근로와 관련된 여러 가지 지원과 제재를 하고 있지. 임금이나 퇴직금의 체불, 근로자와 사업주 사이의 폭행 등과 같이 문제 상황이 발생했는데 대화로 해결되지 않을 경우는 고용노동부에 직접 방문하거나 홈페이지를 통해 신고하면 돼.

돈도 덜 줬다고 몇 번을 찾아오더라고요. 고용노동부에 신고를 하겠다고 협박까지 하면서 말이에요. 혹시 그 청년이 아닌가 싶어요."

그렇다면 정말 권혁수가 범인일까? 열흘 만에 잘리고, 돈을 제대로 못 받은 것에 앙심을 품고 범행을 저지른 것일까? 하재가 물었다.

"범인에 대해 기억나는 건 없으세요?"

아주머니가 안타까운 표정으로 대답했다.

"바로 정신을 잃어서 얼굴을 전혀 못 봤다는 거야."

그런데 아저씨가 문득 생각난 듯 말했다.

"아! 정신이 흐릿해지면서 쓰러질 때 범인의 신발을 봤어."

치국이가 눈이 동그래져 물었다.

"신발이요? 운동화였어요, 구두였어요?"

"운동화. 어두운색이었는데, 유명 브랜드 있잖아. 애들이 잘 신고 다니는……."

치국이가 말했다.

"아디라스요? 나이커요?"

아저씨가 고개를 저으며 말했다.

"아니. 거 뭐더라. 아! 베스탑! 베스탑 운동화였어. 베스탑 운동화에 보면 BT라고

쓰여 있잖아. 그게 흰색으로 선명하게 보였어."

두산이가 아쉬운 듯 말했다.

"그런데 베스탑 운동화는 워낙 많이 신는 운동화라 그것만으로 범인을 찾기는 힘들 것 같아요. 하지만 용의자를 특정하면 그 운동화가 있는지 확인해 볼 수는 있을 거예요."

아주머니가 아쉬운 표정으로 말했다.

"그렇구나. 여하튼 빨리 좀 잡아 줘. 사람을 이렇게 만들어 놓은 게 너무 억울해서……."

이 형사가 말했다.

"네. 최선을 다하겠습니다. 얼른 쾌차하세요."

병실에서 나와 영웅이와 하재, 치국이는 사건 현장으로 가고, 두산이와 제인이는 권혁수를 만나 보기로 했다. 또 이 형사는 주변 가게에 목격자가 있는지, 피해자 아저씨와 아주머니가 원한을 살 만한 일이 있었는지 알아보기로 했다.

영웅이와 하재, 치국이가 사건 현장으로 가 보니, 아직도 아저씨가 흘린 피의 얼룩이 남아 있었다. 또 집들도 띄엄띄엄 있고, 빈 공터가 많아 목격자가 없는 상황이 이해가 됐다. 아이들은 인근을 샅샅이 뒤져 범행 도구로 쓰였을 만한 것이 있는지 찾았지만 아쉽게도 발견하지 못했다. 치국이가 한숨을 쉬며 말했다.

"낮에도 다니는 사람이 거의 없네."

그러자 하재가 말했다.

"이런 길을 안다는 건 동네 사람일 가능성이 크지 않을까?"

영웅이와 치국이가 고개를 끄덕였다. 영웅이가 말했다.

"가게에서부터 따라왔든, 아니면 다른 길로 와서 불쑥 튀어나왔든 여하튼 주변 어딘가에서 왔을 거 아냐. 주변 CCTV 녹화 영상을 다 뒤져 볼 수밖에 없네."

사건 현장으로 가는 길은 가게 쪽에서 가는 길을 포함해 모두 4곳. 가게에서 10미터 정도 떨어진 곳에 CCTV가 하나 있고, 나머지 길에서도 각각 50미터, 80미터, 100미터 정도 떨어진 곳에 CCTV가 설치되어 있었다.

아이들은 경찰서로 들어가 그날 밤 10시부터 11시까지, 사건 현장 인근에 설치된 CCTV 녹화 영상을 다 뒤지기 시작했다.

한편, 권혁수를 만난 두산이와 제인이. 권혁수가 놀란 표정으로 되물었다.

"뭐? 강도? 어쩌다 그런 일이!"

그러더니 이내 눈치채고 물었다.

"가만! 그런데 왜 나한테 온 거야? 그 아저씨가 강도당한 게 나랑 무슨 상관이 있다고?"

제인이가 단도직입적으로 물었다.

"단순 강도 사건이 아니라, 원한에 의한 사건일 가능성이 커요. 사건

당일 밤, 어디 계셨죠?"

"원한? 허참, 그럼 내가 돈 안 줬다고 강도짓을 했다는 거야, 뭐야!"

권혁수가 버럭 소리를 질렀다.

제인이가 차분하지만 단호한 목소리로 말했다.

"가능한 모든 상황을 조사해 보는 겁니다. 그날 밤의 알리바이 대실 수 있나요?"

"당연하지. 밤이니까 당연히 집에 있었지. 엄마랑 TV 보고 있었어."

권혁수의 말에 두산이가 물었다.

"어머니 좀 뵐 수 있을까요?"

"어머니?"

당황하는 권혁수.

"지, 지금 여기 안 계셔. 출장 가셨거든."

두산이가 다시 물었다.

"출장이요? 어디로요?"

"일본. 이틀 전에 일본으로 출장 가셨어."

왠지 수상한 느낌. 제인이가 다그쳐 물었다.

"그럼 전화 통화라도 할 수 있나요? 전화번호가 뭐죠?"

권혁수가 더 당황해하며 말했다.

"전화번호? 그, 그게. 로밍을 안 해 가셔서 통화가 안 될 거야."

제인이는 얼른 권혁수의 운동화를 봤다. 혹시 아저씨가 본 베스탑 운동화가 아닐까 해서였다. 그런데 아니었다. 하기야 신발이 한 개뿐이겠는가. 두산이가 말했다.

"알리바이가 확인이 돼야 합니다. 그리고 거짓말하시면 안 되는 거 아시죠?"

그러자 권혁수가 지금까지와는 달리 풀이 죽은 표정으로 말했다.

"그날 집에 있었던 것은 맞아. 엄마가 일본에 가신 것도 맞고. 그런데 일주일 전에 가셨어. 그래서 그날 밤 혼자 있었어."

제인이가 다그쳤다.

"그런데 왜 어머니랑 같이 있었다고 하셨죠?"

"혼자 있었다고 하면 의심할까 봐. 그래서 나도 모르게 그만……."

그래서 거짓말을 했다? 여하튼 수상하다. 혼자 있었다니, 알리바이를 증명해 줄 사람이 없다는 뜻. 권혁수가 말했다.

"화가 난 건 맞아. 6개월 동안 고용한다고 해 놓고, 10일 만에 자르고.

몇 번 늦게 간 적은 있어. 그런데 진짜 일 많이 시켰거든. 매일 양파 두 자루씩 까고, 파 다듬고, 소스 만들고, 배달하고. 아! 배달 앱에 올라온 나쁜 리뷰 가려 주려고 좋은 리뷰도 많이 올려 줬어. 내 친구들까지 다 동원해서 아이디 만들어서 말이야. 그런데 10일 만에 잘렸으니 화 안 나게 생겼어? 하지만 그렇다고 강도짓을 하다니, 내가 왜? 걸리면 나만 감옥 가는데."

일리 있는 말이기는 하다. 하지만 알리바이가 확실하지 않으니 의심을 거둘 수는 없다.

범인은 블랙 컨슈머?

다들 학교로 돌아와 회의실에 모여 수사 결과를 보고했다. 치국이가 말했다.

"주변 CCTV 녹화 영상은 다 찾아봤는데, 의심할 만한 사람은 없어요. 목격자도 없고요."

그렇다면 주변 건물 어딘가에 살거나 숨어 있었다는 얘기. 이 형사가 말했다.

"인근 가게에 물어봤더니, 주인아저씨가 좀 곧이곧대로 하는 스타일이라고 하더라고. 고집도 세고, 옳다고 생각하는 것에는 절대 굽히지 않는다고. 하지만 다른 사람한테 원한 살 정도는 아니라는데."

그래서 주변 불량배 위주로 알아봤지만 그들 중 이번 사건에 대해 아는 사람이 전혀 없더라는 것. 이 형사가 이어 말했다.

"불량배들의 소행이라면 소문이 났을 텐데, 아무도 모르는 걸로 봐서 그쪽은 아닌 것 같아."

그리고 권혁수의 알리바이가 불분명하다는 것을 듣고 영웅이가 말했다.

"그럼 정말 권혁수가 범인 아닐까?"

두산이가 의견을 말했다.

"내 생각에 권혁수는 아닌 것 같아. 알리바이가 불분명하기는 하지만, 덜 받은 돈이 10만 원도 안 되는데, 그것 때문에 강도짓을 했을까? 그 사람 말대로 고용노동부에 고발을 하면 했지."

그렇다면 도대체 누구란 말인가? 뭔가 단서가 있어야 범인을 잡을 것 아닌가. 이 형사가 말했다.

"원한 관계에만 맞추지 말고 좀 더 폭넓게 생각해 보자고. 자, 오늘은 늦었으니 쉬고, 내일은 최근 인근에서 벌어진 폭행 강도 사건 위주로 찾아보자. 동종 범죄가 있었는지."

어느새 저녁 9시. 아이들은 모두 기숙사로 갔다. 그런데 제인이가 한 시간만 공부를 하고 자려고 막 책을 펼쳤을 때였다. 휴대전화가 울려 보니, 권혁수였다.

'이 밤중에 무슨 일이지?'

제인이가 전화를 받자, 권혁수가 다짜고짜 말했다.

"나 알리바이 댈 수 있어."

제인이가 놀라 물었다.

"정말요? 어떻게요?"

"범행 시간이 밤 10시 30분쯤이라고 했지? 그 시간에 친구랑 전화 통화를 했어. 10시 23분부터 11시 정도까지. 그리고 엄마랑 톡톡방에서 문자도 주고받았어. 10시 35분에서 45분까지 4건. 화면 캡처한 거 보낼 테니까 확인해 봐."

곧바로 권혁수가 휴대전화 통화 기록과 톡톡방 대화 내용을 캡처한 사진을 보내왔다. 확인해 보니, 김영찬과 10시 23분부터 36분 35초간 통화. 또 10시 35분에서 45분까지는 톡톡방에서 엄마와 '집에 왔니? 저녁 먹었니?', '네. 아까 왔어요. 먹었어요.', '굿나잇!', '네. 엄마도 굿나잇!' 이렇게 4통의 문자를 주고받았다. 통화하는 중간에 문자까지 주고받으면서 동시에 범행을 저질렀다? 그건 불가능하다. 제인이가 말했다.

"알겠습니다. 내일 보고하고 전화드릴게요."

그렇다면 권혁수는 범인이 아닐 가능성이 크다. 그럼 누구란 말인가? 그런데 제인이는 문득 권혁수가 배달 앱에 올라온 나쁜 리뷰를 가려 주려고 좋은 리뷰도 많이 올렸다는 말이 생각났다. 그리고 지난번에 배달 앱에서 본 나쁜 리뷰들이 생각났다. 제인이와 아이들이 직접 먹어 본 경험으로 봐서 그렇게 나쁜 리뷰를 올릴 정도는 아니라는 생각에, 혹시 다른 문제가 있는 것은 아닐까 하는 생각이 들었다.

'혹시 손님 중에 원한을 산 사람이 있는 건 아닐까?'

그래서 리뷰들을 다시 확인해 보기 위해 배달 앱을 실행시켰다. 그런데 이게 어떻게 된 일인가!

"뭐야? 왜 다 지워졌지?"

며칠 전에 봤던 나쁜 리뷰들이 거의 다 삭제되어 있는 것이다. 제인이는 아이들을 휴게실로 불렀다. 그리고 먼저 권혁수가 보낸 휴대전화 캡처 화면을 보여 줬다. 두산이가 말했다.

"내일 다시 확인해 봐야겠지만 범인은 아닌 것 같네."

"그리고 한 가지 이상한 점이 있어."

제인이가 배달 앱을 보여 주며 말을 이었다.

"떡볶이만세에 있던 나쁜 리뷰들이 한꺼번에 다 삭제되었어."

아이들도 보더니 이상하다는 표정. 하재가 말했다.

"이상하네. 왜 한꺼번에 다 지워졌지?"

영웅이도 말했다.

"리뷰 쓴 것을 지우려면 본인이 직접 지워야 되는 거 아냐?"

두산이가 놀란 눈으로 말했다.

떡볶이만세에 있던 나쁜 리뷰들이 다 삭제됐어.

"그런데 한꺼번에 다 지웠다는 건 그 나쁜 리뷰들이 모두 한 사람이 쓴 거라는 얘기지."

치국이가 황당하다는 표정으로 말했다.

"정말? 누가? 왜?"

그때, 제인이는 번뜩 생각나는 게 있었다.

"혹시 블랙 컨슈머가 아닐까?"

아이들이 동시에 물었다.

"블랙 컨슈머?"

제인이가 설명했다.

"필요한 물건을 구입하기 위해 돈을 쓰는 것을 소비라고 하잖아. 그런데 산 물건이 잘못되어 있거나 원래 물건 값보다 너무 많은 돈을 지불한 경우, 소비자는 문제를 제기할 수 있는 권리가 있거든."

치국이가 말했다.

"나도 지난번에 운동화를 샀는데, 실밥이 터져 있더라고. 그래서 다시 새것으로 바꿔 줬어."

하재가 말했다.

"정말? 나도 그런 적이 있는데, 신다가 그런 건지 어떻게 아느냐고 안 바꿔 주더라고. 더 싸우기 싫어서 그만 포기해 버렸지만 기분이 나빴어."

제인이가 말했다.

"소비자는 물건을 사기 전에 꼼꼼하게 살펴보고, 물건에 이상이 없는지 확인해야 하는 책임도 있거든. 그래서 정부는 소비자의 권리와 책임을 규정한 '소비자기본법'을 만들어 소비자의 권익을 보호하고 있어. 또 한국소비자원과 같은 소비자 보호 기관을 만들어 각종 문제를 해결할 수 있도록 돕고 있지. 그런데 그걸 악용하는 사람들이 있어. 이런 사람들을 블랙 컨슈머라고 하지."

치국이가 알겠다는 듯 말했다.

"아! 컨슈머가 소비자라는 뜻의 영어지!"

제인이가 말했다.

"맞아. 블랙 컨슈머는 제품을 구매한 후에 가게나 기업 등을 상대로 부당한 이익을 취하기 위해 악성 민원을 제기하는 사람을 말하는 거야. 소비자 보호 기관을 거치지 않고 기업에 직접 문제를 제기하는데, 제품 교환보다는 과도한 금전적 보상을 요구하는 경우가 많아. 언론 또는 인터넷에 관련 사실을 유포하겠다고 협박하면서 말이야."

"그럼 악의적으로 리뷰를 쓴 사람도 블랙 컨슈머겠네?"

하재의 물음에 제인이가 대답했다.

"가짜로 지어냈거나 일부러 더 나쁘게 썼다면 블랙 컨슈머지."

영웅이가 동의했다.

"그래. 떡볶이만세도 이상할 정도로 나쁜 리뷰들만 올라왔잖아. 일부러 그런 것 같긴 했어."

제인이가 말했다.

"게다가 한꺼번에 다 지운 걸 보니, 한 사람이 여러 개의 아이디를 만들어 나쁜 리뷰를 썼다가 지운 게 분명해. 이 정도면 뭔가 악의를 품고 한 행동이라고 볼 수 있지."

두산이가 의문을 제기했다.

"그런데 왜 갑자기 지운 거지?"

제인이가 말했다.

"이번 사건과 관련이 있는 거 아닐까?"

아이들의 눈이 반짝했다. 아이들이 떡볶이를 배달시키려다 리뷰를 본 날짜는 아저씨가 강도를 당한 다음 날. 그런데 갑자기 리뷰를 지웠다는 것은 자신을 추적할까 봐 두려워서가 아닐까? 영웅이가 의견을 말했다.

"나쁜 리뷰를 썼던 사람의 아이디를 알면 신원을 확인해 볼 수 있을 텐데……."

제인이가 말했다.

"난 기억나. '이상한엘리스'라는 아이디랑 '화난아저씨'라는 아이디가 있었어."

두산이가 놀랍다는 듯 말했다.

"와, 그걸 어떻게 기억하냐! 역시 경제인이다."

제인이의 기억력 좋은 건 확실히 알아줘야 한다. 영웅이가 의견을 말했다.

"그럼 내일 아침에 배달 앱 본사에 전화해서 그 아이디가 누구 건지 알아보자. 배달하려면 이름, 전화번호, 주소 등이 필요하니까 등록되어 있을 거야."

다음 날 아침, 아이들은 먼저 이 형사에게 상황을 보고했다. 이 형사가 고개를 끄덕이며 말했다.

"좋아. 일단 권혁수는 용의자에서 제외시키고, 리뷰 쓴 사람을 찾아봐."

아이들은 곧바로 배달 앱 본사에 전화해 아이디의 소유자를 확인했다. 한심한과 박형수. 그런데 그중 한심한이라는 사람의 주소가 사건 현장 근처의 고시원이었다. 두산이가 놀라 말했다.

"어! 이 고시원, 사건 현장에서 멀지 않아."

치국이도 말했다.

"사건 현장으로 바로 가는 길에는 CCTV가 설치되어 있지만, 골목길을 두 번 정도 돌아가면 CCTV를 피할 수 있어."

이 형사가 말했다.

"아이디를 바꿔 가며 일부러 나쁜 리뷰를 썼다면 가게 주인과 뭔가 문제가 있었을 수 있어. 너희들은 병원으로 가서 아저씨, 아주머니께 한심한이나 박형수에 대해 아는지 여쭤봐. 나랑 영웅이는 두 사람에 대해 좀 더 조사해 볼게."

두 사람 중에 범인이 있을까? 정말 제인이의 말대로 블랙 컨슈머가 범인일까?

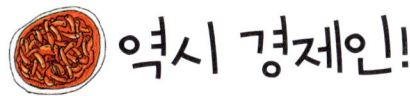 역시 경제인!

아이들은 곧바로 병원으로 갔다. 하재가 한심한이나 박형수라는 사람을 아냐고 묻자, 아저씨가 고개를 갸웃하며 대답했다.

"글쎄. 잘 모르겠는데."

제인이가 다시 물었다.

"그럼 배달 앱에 가게에 대해 나쁜 리뷰 쓴 사람은 기억나세요? '이상한엘리스'라는 아이디랑 '화난아저씨'라는 아이디로 썼던데."

그러자 아주머니가 생각난 듯 말했다.

"여보, 그 사람 있잖아요. 떡볶이에서 쇠 수세미 나왔다고 돈 달라고 했던 사람. 그 사람, 아니에요?"

"아, 그 나쁜 놈!"

아저씨가 기억난 듯 말하자, 치국이가 물었다.

"누군데요? 무슨 일인데요?"

아저씨가 설명했다.

"2주 전쯤 30대 정도 되어 보이는 남자 한 명이 떡볶이를 먹으러 왔어. 그런데 잘 먹다가 갑자기 떡볶이에서 쇠 수세미 조각이 나왔다는 거야."

"설거지할 때 쓰는 쇠 수세미요?"

두산이의 물음에 아주머니가 말을 이었다.

"그래. 그걸 먹고 입에서 피가 났다면서 치료 받아야 된다고 돈을 달라는 거야. 그것도 20만 원이나. 말이 되냐고."

"크게 다친 건 아니고요?"

하재의 물음에 아저씨가 손을 내저으며 말했다.

"크게 다치긴. 입 안이 찔려서 피가 조금 난 정도였어. 그래서 20만 원은 너무하고 2만 원만 받으라고 줬더니, 누굴 거지로 아냐면서 화를 내고 가더라고."

그러고 나서부터 배달 앱에 나쁜 리뷰들이 올라오기 시작했다는 것. 아주머니가 기가 막힌다는 표정으로 말했다.

"우리 떡볶이를 배달시키고 거기에 이상한 것들을 넣어서 사진을 찍거나, 다 불은 떡볶이 사진을 찍어서 올리는 거야. 처음에는 그 사람 소행인지도 모르고 죄송하다, 주의하겠다고 답글을 달았는데, 점점 더 나쁜 리뷰가 많아지더라고."

제인이가 물었다.

"그 사람이 쓴 리뷰인지는 어떻게 아셨어요?"

아저씨가 대답했다.

"전화가 왔더라고. 자기가 쓴 거니까 100만 원을 주면 다 지워 주겠다고."

치국이가 물었다.

"그래서 어떻게 하셨어요?"

"당연히 거절했지. 한 번만 더 이런 전화하고 나쁜 리뷰 쓰면 경찰에 신고하겠다고."

아주머니가 기억난 듯 말했다.

"맞다! 그 협박 전화, 당신 사고 나기 이틀 전에 왔잖아요. 그 사람이 당신한테 앙심 품고 강도짓을 한 게 분명해요."

그래서 돈만 빼앗아 가면 될 것을 그렇게 무지막지하게 폭행을 한 것일까? 두산이가 놀랍다는 듯 말했다.

"그럼 정말 블랙 컨슈머가 범인이야?"

그런데 그때, 영웅이가 제인이에게 전화해 말했다.

"한심한, 알아보니 비슷한 일로 실형까지 받았었어."

"정말?"

제인이가 놀라 되묻자, 영웅이가 말했다.

"응. 공갈 협박으로 경찰 조사를 두 번이나 받았는데, 둘 다 음식을 먹고 배탈이 났다면서 업체들에 보상금을 요구하며 협박을 했더라고. 두 번째는 수차례에 걸쳐 수백만 원을 뜯어낸 혐의로 징역 10월의 실형을 받아 수감됐는데, 세 달 전에 출소했어."

하재가 말했다.

"지 버릇 남 못 준다더니, 실형까지 살고 나와서 또 그랬단 말이야?"

그렇다면 한심한이 범인일 가능성이 크다. 제인이의 추리가 딱 맞아떨어진 것. 영웅이가 말했다.

"이 형사님이랑 한심한이 사는 고시원으로 갈 거니까 거기로 와."

아이들은 곧바로 고시원으로 갔다. 마침 먼저 도착한 이 형사와 영웅이가 고시원에서 나왔다. 영웅이가 말했다.

"방에는 없어."

"리뷰도 다 지운 걸 보니, 벌써 도망간 거 아닐까요?"

두산이의 말에 이 형사가 말했다.

"아직 짐은 그대로 있어. 일단 기다려 보자."

이 형사와 아이들은 고시원 바로 앞에 차를 세우고 한심한을 기다렸다. 그런데 한 30분쯤 지나자, 하재가 앞쪽을 가리키며 말했다.

"어! 저 사람, 한심한인 것 같은데요."

주민등록증 사진보다 나이는 들었지만 한심한이 분명했다. 이 형사가 말했다.

"나랑 영웅이는 앞, 너희는 뒤. 나가자!"

이 형사와 아이들이 동시에 차에서 내리고, 이 형사가 한심한을 막아서며 말했다.

"한심한 씨, 경찰입니다."

이 형사의 말이 떨어지기가 무섭게 잽싸게 도망치려는 한심한. 그러나 CSI가 누군가! 두산이가 재빨리 한심한의 뒷덜미를 잡고, 치국이가 한심한의 다리를 걸어 넘어뜨렸다. 이 형사가 한심한을 일으켜 세우며 말했다.

"떡볶이만세 아시죠? 폭행 강도 사건으로 조사 좀 받으셔야겠습니다."

한심한은 학교로 연행됐다. 그러나 한심한은 자신의 범행을 딱 잡아뗐다.

"그냥 돈 몇 푼 뜯어내려고 하다 그만뒀어요. 폭행 강도라니요. 정말 아니에요."

그런데 순간, 제인이는 한심한의 신발을 봤다. 검정색에 흰색 BT자가 선명하게 쓰인 베스탑 운동화. 제인이가 신발을 가리키며 말했다.

"베스탑 운동화를 신으셨네요. 피해자가 사건 당시 본 신발이랑 똑같은데요."

당황한 티가 나는 한심한. 그러나 끝내 부인했다.

"이 신발 신은 사람이 한두 명인가? 그럼 그 사람들 다 범인이겠네."

그런데 신발을 살피던 영웅이의 눈에 번쩍 띄는 게 있었으니, 바로 신발 옆면에 묻은 핏자국. 영웅이가 한심한의 신발을 벗겨 보이며 말했다.

"그럼 이 핏자국은 뭐죠?"

한심한이 화들짝 놀라며 말했다.

"그, 그건……. 아! 내, 내가 코피를 흘려서 묻은 거야. 정말이야."

이 형사가 책상을 탁 치며 소리쳤다.

"검사하면 피해자 혈흔인지 아닌지는 금방 나와요. 거짓말하지 마세요!"

명백한 증거 앞에 결국 한심한은 자신의 범죄를 인정할 수밖에 없었다.

"경찰에 신고한다고 하니 화도 나고, 겁도 나서 그만……."

고등학교를 졸업하고 변변한 직업도 없이 일용직 일을 하며 지내 왔다는 한심한. 처음엔 식당에서 밥을 먹다가 진짜 이물질이 나왔는데, 주인이 깜짝 놀라며 돈을 줬다는 것이다.

"쉽게 2, 3만 원씩 벌 수 있으니까 괜찮더라고요. 그런데 하다 보니, 점점 간이 커져서……."

그래서 요구하는 돈 단위도 커지고, 협박까지 일삼게 되었다는 것. 제인이가 물었다.

"배달 앱에 올린 리뷰는 왜 갑자기 지웠죠?"

"경찰이 추적할 것 같아서."

그런데 리뷰를 지운 것이 오히려 더 의심을 산 것. 여하튼 강도 사건은 블랙 컨슈머가 악의를 품고 저지른 일로 결론이 났다. 아저씨와 아주머니는 감사의 인사를 했다.

"고마워. 역시 CSI가 다르긴 다르네. 이틀 만에 범인을 잡았으니 말이야."

"언제든지 와. 앞으로 CSI는 떡볶이 무조건 공짜야."

"야호, 감사합니다!"

아이들이 신나서 소리를 질렀다. 그런데 바로 그때, 제인이의 휴대전화로 문자가 왔다. 문자를 확인하더니, 얼굴에 화색이 도는 제인이. 영웅이가 궁금해 물었다.

"무슨 문자야?"

"나, 국립영재학교에 합격했대. 3년 장학생으로."

모두 난리가 났다.

"우와, 정말? 축하해!"

"역시 경제인, 대단해."

그때, 아저씨가 말했다.

"가만! 그럼 이러고 있을 때가 아니지. 당신이 당장 가서 떡볶이 파티 해 줘요."

아이들이 동시에 손사래를 쳤다.

"아니에요. 괜찮아요."

아주머니가 나섰다.

"아니야. 가자! 우리가 고마워서 그래."

결국 공 교장에, 어 교감까지 초대한 떡볶이 파티가 벌어졌다. 범인도 잡고, 맛있는 떡볶이도 먹고. 또 제인이는 원하던 국립영재학교에 합격하고. 모두 기분이 좋았다.

제인이가 들려주는 사건 해결의 열쇠

떡볶이 가게 주인아저씨에게 벌어진 폭행 강도 사건. 범인을 잡을 수 있었던 것은 소비자의 권리와 책임, 그리고 블랙 컨슈머에 대해서 잘 알았기 때문이야.

💡 소비와 소비자란?

우리가 살아가기 위해서는 여러 가지 물건과 서비스가 필요해. 의식주에 필요한 물건을 사야 하고, 아프면 병원에서 치료를 받아야 하고, 심심할 땐 영화관에 가서 영화도 봐야 하지. 이렇게 살아가는 데 필요한 여러 가지 것들을 구입

〈소비 활동〉

하기 위해 돈을 쓰는 것을 '소비'라고 하고, 소비를 하는 주체를 '소비자'라고 해.

소비는 소비자 스스로가 필요해서 하는 활동이기도 하지만, 한편으로는 나라의 경제를 성장시키는 사회 전체를 위한 활동이기도 해. 우리가 소비를 통해 지불한 돈이 다른 사회 구성원의 소득을 증가시키기 때문에 소비를 통해 돈이 돌게 되고, 생산이 늘어나는 효과를 얻을 수 있지. 그래서 자신의 경제적 능력에 따라 필요한 만큼만을 구입하는 알맞은 소비는 경제 성장을 위해 꼭 필요한 활동이야.

소비자의 권리와 책임

광고를 보거나 대형 할인점, 시장 등에 가면 정말 탐나는 물건들이 많지? 하지만 우리가 쓸 수 있는 돈은 한정돼 있기 때문에 원하는 모든 것을 가질 수는 없어. 그래서 우리는 한정된 돈을 지출하되 가장 큰 만족을 얻을 수 있는 최선의 선택을 해야 돼. 자신이 가진 돈 안에서 계획을 세워 꼭 필요한 것만 소비하고, 물건을 사기 전에는 물건에 대한 다양한 정보를 알아봄으로써 같은 가격에 더 좋은 품질의 물건을 구입하는 똑똑한 소비자가 되어야 하지.

소비자에게는 소비자로서 누릴 수 있는 권리와 함께 지켜야 할 책임이 있어. 물건을 구입할 때는 상표, 가격, 구입 장소 등을 자유롭게 선택할 권리가 있고, 물건을 사용하는 도중에 발생한 피해에 대해 보상받을 권리가 있지. 또 소비자의 이익과 권리를 향상시키기 위해 단체를 조직하고 활동할 권리, 생산자의 활동 등에 대해 자신의 의견을 말할 수 있는 권리, 물건을 살 때 안전하게 보호받을 권리, 물건을 사는 데 필요한 정보를 제공받을 권리, 바람직한 소비 생활을 위해 필요한 교육을 받을 권리, 안전하고 깨끗한 환경에서 물건을 살 권리도 있어. 물론 이러한 권리를 누리기 위해서는 물건을 사기 전에 정보를 꼼꼼하게 살펴보고, 물건에 이상이 없는지 확인해야 하는 책임도 있지.

정부는 이러한 소비자의 권리와 책임을 규정한 '소비자기본법'을 만들어 소비자의 권익을 보호하고 원활한 경제 활동이 이루어지도록 하고 있어. 또 '한국소비자원'과 같은 소비자 보호 기관을 만들어 소비 활동에 일어나는 여러 가지 문제를 해결하도록 돕고 있지.

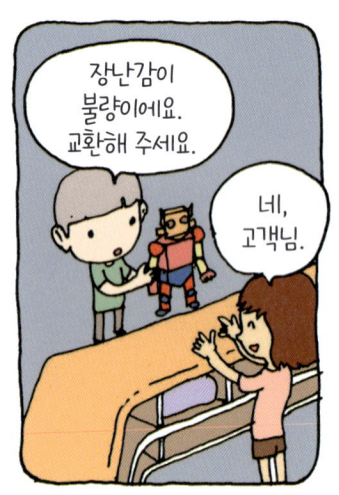

〈소비자의 권리〉

💡 화이트 컨슈머와 블랙 컨슈머

소비자로서의 책임을 다하면서 정당하게 권리를 누리는 소비자를 착한 소비자 혹은 화이트 컨슈머라고 불러. 그와 반대로 스스로의 책임은 다하지 않으면서 자신의 이익을 위해 권리만 악의적으로 남용하는 소비자들은 나쁜 소비자 혹은 블랙 컨슈머라고 부르지.

경쟁 관계에 있는 빵집에서 산 식빵에 쥐꼬리를 넣고 식빵에서 쥐꼬리가 나왔다며 거짓 소문을 낸 사람, 음식점에서 밥을 먹다가 머리카락이 나왔다고 음식 값의 몇 배를 보상금으로 요구하는 사람 모두 블랙 컨슈머라고 할 수 있지. 블랙 컨슈머는 이렇게 제품을 구매한 후에 가게나 기업 등에 악성 민원을 제기하며 과도한 금전적 보상을 요구하는 경우가 많고, 언론이나 인터넷에 소문을 내겠다고 협박하기도 해. 이 같은 블랙 컨슈머의 지나친 요구는 처벌의 대상이 될 뿐 아니라, 기업들의 활동을 어렵게 만들고 우리 경제에도 나쁜 영향을 미치지. 그러니까 건전한 소비 활동으로 나라 경제에도 좋은 영향을 미치는 화이트 컨슈머가 되도록 노력해야겠지?

〈블랙 컨슈머 사례〉

그러니까 생각해 봐. 한밤중에 인적이 드문 곳에서 갑자기 당한 폭행 강도 사건이라 범인을 추정하는 데 어려움이 많았어. 그러던 중 배달 앱에서 본 나쁜 리뷰가 떠올랐고, 그것이 블랙 컨슈머가 악의를 품고 저지른 일이라는 것을 밝혀냄으로써 범인을 잡을 수 있었지.

졸업 여행, 아니 졸업 시험!

그러더니 휴대전화로 문자가 왔다.
렼투치 콕방소 79-41
이게 무슨 소린가. 치국이가 황당한 표정으로 말했다.
"이런 글자가 어디 있어?"

졸업 여행을 가다!

겨울 방학이 정신없이 지나가고, 드디어 졸업 시험을 마쳤다. 졸업 시험을 통과해야 졸업할 수 있으니, 아이들은 방학을 모두 바쳐 정말 열심히 공부했다. 그런데 마지막 시험까지 끝내고 나자 아이들은 한숨부터 나왔다. 문제가 너무 어려웠던 것. 두산이가 푸념을 했다.

"난 아무래도 졸업 못 할 것 같다."

전 과목 모두 60점 이상이어야 낙제를 면할 수 있고, 그래야 졸업이 가능하다. 영웅이도 풀이 죽어 말했다.

"걱정하지 마. 나도 있으니까."

두산이가 영웅이에게 어깨동무를 하며 말했다.

"그래. 역시 넌 내 친구다! 우리 그냥 깨끗하게 1년 더 다니자."

그러자 치국이가 갑자기 궁금하다는 듯 물었다.

"그럼 졸업 여행은 어떻게 해? 졸업 못 해도 졸업 여행은 가도 되나?"

"헉! 못 가면 안 되는데!"

영웅이와 두산이가 깜짝 놀라 동시에 말했다.

졸업 시험이 끝나고 내일 졸업 여행이 계획되어 있는데, 졸업 시험에 통과하지 못하면 졸업 여행을 가도 될까, 안 될까 아이들의 의견이 분분했다. 그런데 마침 이 형사가 들어왔다. 두산이가 재빨리 물어봤다.

"이 형사님, 저 졸업할 수 있어요?"

이 형사가 황당하다는 표정으로 대답했다.

"방금 시험 끝났는데, 그걸 어떻게 알아?"

영웅이도 다급하게 물었다.

"그럼 졸업 여행은요? 졸업 시험 통과해야 졸업 여행 가는 거 아니에요?"

이 형사가 웃음을 터뜨리며 말했다.

"하하하. 졸업 시험 결과보다 그게 더 궁금한 거지?"

"네!"

영웅이와 두산이가 동시에 대답했다. 이 형사가 고개를 끄덕이며 말했다.

"그럴 줄 알았다. 아직 채점이 안 끝났으니 일단 졸업 여행은 가야 하지 않을까? 유급된다 해도 친구들이랑 같이 졸업 여행은 다녀와야지, 후배들이랑 같이 가기는 좀 그렇잖아."

"와, 신난다!"

영웅이와 두산이가 서로 부둥켜안고 방방 뛰었다. 졸업은 못할지언정 졸업 여행은 갈 수 있다니 그게 어딘가. 그런데 하재가 의아한 표정으로 물었다.

"후배라니요? 후배가 들어와요?"

이 형사가 대답했다.

"그래. 몰랐어? 벌써 1차 서류 심사 다 끝나고, 내일 2차 시험 있는데."

그동안 공부하고 시험 보느라 정신이 없어서 전혀 몰랐던 것. 제인이가 물었다.

"많이 왔어요? 경쟁률 세요?"

이 형사가 대답했다.

"그럼. 경쟁률이 무려 200대 1이다. 1차로 50명을 뽑아서 내일 2차 시험을 볼 거야."

"엄청나다!"

아이들이 놀라 소리쳤다. 두산이가 고개를 절레절레 흔들며 말했다.

"난 이렇게 시험 봤으면 1차에도 못 붙었겠다."

"나도."

영웅이가 말하자, 이 형사가 껄껄 웃으며 말했다.

"나도 그렇게 생각한다. 하하. 자! 그럼 빨리 정리하고 내일 졸업 여행 갈 준비나 해라."

"네!"

모두 힘차게 대답했다. 벌써 졸업 여행을 가다니, 입학한 게 엊그제

같은데 말이다. 세월 참 빠르다.

　다음 날, 아이들은 드디어 기다리고 기다리던 졸업 여행을 떠났다. 어 교감은 사회 형사대 CSI 2기를 뽑는 2차 시험 때문에 가지 못하고, 공 교장과 이 형사만 같이 가게 되었다. 장소는 경상북도 경주. 경주는 약 천 년 동안 신라의 도읍이었기 때문에 신라 천 년의 역사를 고스란히 간직한 곳이다. 통일 신라 시대의 불교문화를 대표하는 석굴암과 석가탑, 다보탑으로 유명한 불국사가 1995년 유네스코 세계문화유산으로 등재되었을 뿐 아니라, 탑, 조각, 궁궐, 왕릉 등 신라 시대의 유적이 집중적으로

분포되어 있는 경주 역사 지구 역시 2000년, 유네스코 세계문화유산으로 등재되었다.

　장소도 장소지만 마지막으로 함께하는 여행이 될 수도 있다는 생각에 아이들은 즐거우면서도 한편으로는 아쉬운 마음이 들었다. 그러니 최대한 즐겁고 행복한 시간, 영원히 잊지 못할 추억을 만들기로 모두 약속했다. 한참 고속도로를 달려 두 시간쯤 지나자, 이 형사가 충주 휴게소로 들어가며 말했다.

"배고프네. 점심 먹고 가자."

두산이가 기지개를 켜며 말했다.

"밥 먹고, 감자랑 호두과자도 먹자."

영웅이가 신나 대답했다.

"당연하지."

모두 맛있게 점심에 간식까지 챙겨 먹고 나오는데, 이 형사가 말했다.

"이제 한 번도 안 쉬고 갈 거니까 모두 화장실 다녀와."

"네!"

아이들은 모두 화장실에 갔다 왔다. 그런데 차에 타려고 주차했던 곳

10원짜리 동전에 그려진 다보탑의 비밀

10원짜리가 동전으로 만들어진 것은 1966년이야. 그때부터 다보탑이 새겨져 있었으니, 벌써 50년도 넘었지. 원래 다보탑 계단 위에 4개의 돌사자가 있었는데 일제 시대에 3개를 잃어버리고, 1개만 남아 있어. 그런데 1983년 이전의 동전에는 돌사자가 없고, 그 이후에 만든 동전에는 돌사자가 있어. 1983년 이전에는 돌사자가 없는 쪽을 그렸고, 그 이후에는 돌사자가 있는 쪽을 그렸기 때문이지.

으로 갔더니, 이상하다. 차가 없다! 하재가 고개를 갸웃하며 말했다.

"여기 맞는데. 커피 전문점 앞."

치국이가 말했다.

"다른 데로 자리를 옮기셨나?"

그런데 바로 그때, 영웅이의 휴대전화가 울렸다.

"이 형사님이다."

모두 영웅이에게 집중. 영웅이가 전화를 받자마자 물었다.

"이 형사님, 어디 계세요?"

이 형사가 대답했다.

"지금 경주 가고 있지."

"네? 지금 가고 있다고요? 저희는 차에 안 탔는데요?"

영웅이가 황당한 표정으로 묻자, 아이들도 난리가 났다.

"가셨대? 우리를 버려두고? 왜?"

이 형사가 대답했다.

"자, 이제부터 졸업 시험을 시작한다."

"네에? 졸업 시험이요?"

아이들이 놀라 동시에 소리를 질렀다. 두산이가 당황한 표정으로 휴대전화에 대고 물었다.

"졸업 시험은 어제 다 끝난 거 아니에요?"

이 형사가 대답했다.

"끝나긴. 아직 실기 시험 안 봤잖아."

아이들은 할 말을 잃었다. 졸업 여행인 줄 알았더니, 졸업 시험이었단 말인가. 정말 해도 해도 너무한다.

끝나지 않은 졸업 시험

아이들이 망연자실하고 있는데, 이 형사가 재촉했다.

"거기서 그러고 있을 시간이 없을 텐데. 저녁 6시까지 우리가 있는 곳으로 와야 되거든."

아이들이 놀라 시계를 보니, 오후 2시가 조금 넘은 시각. 제인이가 눈이 동그래져 물었다.

"여기서 경주까지 얼마나 걸리지?"

두산이가 대답했다.

"2시간 30분 정도 걸릴 거야."

치국이가 난감한 표정으로 말했다.

"문제는 차가 없다는 거지. 휴게소에서 고속버스를 탈 수도 없을 테고 말이야."

영웅이가 이 형사에게 물었다.

"차가 없는데 어떻게 가요?"

이 형사가 대답했다.

"차 있어. 기사 아저씨도 있고. 너희들이 찾으면 돼."

그러더니 아이들의 휴대전화로 사진 한 장이 전송됐다. 살펴보니, 어떤 아저씨의 뒷모습. 이 형사가 말했다.

"너희들을 경주역까지 데려다 주실 기사 아저씨야. 얼른 찾아서 타고 와."

그러더니 '딸깍' 전화를 끊어 버리는 것이 아닌가. 치국이가 황당하다는 표정으로 말했다.

"정말 너무들 하시네. 졸업 여행까지 이렇게 괴롭히시냐."

그러게 말이다. 왜 미처 생각을 못 했는지. 이제껏 형사 학교에서 간 여행치고 편안하게 여행만 한 적은 한 번도 없었다. 이번에도 뭔가 있을 거라고 왜 생각하지 못했던 것일까? 제인이가 다급하게 말했다.

"시간이 없으니까 일단 기사 아저씨를 빨리 찾자."

영웅이가 사진을 보며 말했다.

"뒷모습이라 얼굴도 안 보이고, 옷도 파란색 점퍼에 회색 바지. 너무 평범해."

둘러보니 정말 아저씨들은 거의 다 비슷비슷한 옷을 입고 있었다. 하재가 말했다.

"그래도 흩어져서 찾아보자."

졸업 여행, 아니 졸업 시험! 139

아이들은 장소를 나눠서 이리저리 뛰어다니며 아저씨를 찾았다. 그런데 사람도 너무 많고, 정보가 뒷모습밖에 없으니 비슷한 사람을 봐도 확신이 안 섰다. 시간은 자꾸 가는데 기사 아저씨는 찾지 못하고, 아이들의 속이 타들어 갔다. 모두 다시 모이자, 두산이가 말했다.

"차 안에 앉아 계시는 건 아니겠지?"

"화장실에 계시면? 그럼 어떻게 찾아?"

치국이의 말에 제인이가 사진을 다시 보며 말했다.

"사진을 보낸 이유가 있을 텐데……. 사진 속에 뭔가 다른 힌트가 있는 거 아닐까?"

그러더니 이내 발견한 듯 말했다.

"일단 바닥이 나무 바닥이야."

영웅이가 얼른 둘러보며 말했다.

"여긴 콘크리트 바닥인데. 나무 바닥이 어디 있지?"

하재가 말했다.

"나 봤어. 휴게소 양쪽 끝에 탁자가 놓여 있는 곳이 있는데, 거기가 나무 바닥이더라."

치국이가 가려고 하며 말했다.

"그럼 양쪽으로 나눠서 가 보자."

그때, 제인이가 말했다.

"잠깐! 아저씨 앞쪽으로 그림자가 있어. 앞쪽으로 그림자가 생겼다면, 해를 등지고 있다는 뜻이잖아."

영웅이가 알아듣고 말했다.

"그럼 해가 이쪽에 있으니까 반대 방향은 왼쪽이네!"

"가 보자!"

두산이의 말에 모두 휴게소의 왼쪽 끝으로 뛰었다. 가 보니, 정말 파란색 점퍼에 회색 바지를 입은 아저씨가 해를 등지고 서 있는 것이 아닌가! 아이들이 동시에 소리쳤다.

"아저씨!"

순간, 뒤돌아보는데, 이게 누군가! 학교 차를 운행하시는 기사 아저씨였다. 아저씨가 씩 웃으며 인사했다.

"얘들아, 안녕?"

두산이가 앙탈을 부렸다.

"아이참, 왜 여기 계세요? 한참 찾았잖아요."

아저씨가 사람 좋게 웃으며 말했다.

"이 형사님이 꼭 여기 서 있으라고 하셔서. 하하하."

영웅이가 재촉했다.

"아저씨, 빨리 경주로 가야 돼요."

"그래, 가자."

아저씨가 서둘러 차 있는 곳으로 가며 말했다. 제인이의 눈썰미 덕분에 그래도 손쉽게 아저씨를 찾았다. 차를 타고 출발하며 영웅이가 이 형사에게 전화해 으스댔다.

"저희 출발했어요. 빠르죠? 헤헤헤."

이 형사가 놀랍다는 듯 말했다.

"오, 빨리 찾았는데! 좋아. 그럼 두 번째 문제."

아이들이 동시에 소리쳤다.

"두 번째 문제가 또 있어요?"

"당연하지. 아저씨는 경주역까지만 데려다 주실 거야. 그 다음은 너희들끼리 이 주소지로 찾아와야 돼."

그러더니 휴대전화로 문자가 왔다.

력투치 콕방소 79-41

이게 무슨 소린가. 치국이가 황당하다는 표정으로 말했다.

"이런 글자가 어디 있어?"

그러게 말이다. 력, 콕. 한글에는 절대 없는 글자다. 똑똑한 제인이가 말했다.

"암호인 거지."

이 형사가 말했다.

"딩동댕. 그럼 잘 풀어 보시길."

그러더니 또 다시 '딸깍' 전화를 끊었다. 모두 난감한 표정. 도대체 왜 이런 문제를 내는 것인지. 정말 선생님들의 머릿속은 알다가도 모르겠다.

암호를 풀어라!

"주소인 것 같긴 해. 마지막이 숫자로 되어 있잖아."

영웅이가 의견을 말하자, 두산이가 동의했다.

"맞아. 79-41이 건물 번호고, 그 앞이 도로명 주소가 아닐까?"

하재가 의문을 제기했다.

"도로명 주소 중에 콕방소라는 곳이 있나?"

그러더니 얼른 휴대전화로 인터넷 검색을 해 보고 말했다.

"그런 검색 결과는 없는데."

두산이가 말했다.

"도로명 주소는 보통 '로' 자로 끝나는데. 연희로, 인왕산로, 다 그렇게

졸업 여행, 아니 졸업 시험!

쓰잖아."

하재가 동의했다.

"맞아. 한자 길 로(路) 자를 쓰는 거지."

그때였다. 치국이가 번뜩 생각난 듯 말했다.

"가만! 혹시 이거 카이사르 암호 아닌가?"

"카이사르 암호?"

아이들이 동시에 묻자, 치국이가 설명했다.

"로마의 장군이었던 카이사르가 썼던 암호인데, 평행이동 방법을 사용하는 거야. 당시에는 '암살자를 조심하라(Be careful for assassinator)'라는 암호문을 전달하기 위해 사용되었지."

두산이가 물었다.

"평행이동? 어떻게 하는 건데?"

치국이가 종이와 연필을 꺼내 써 가며 설명했다.

"간단해. A, B, C, D. 이렇게 알파벳이 있으면, 암호 키만큼 평행이동을 시키는 거야. 예를 들어 암호 키가 2라면, 두 칸 앞이나 뒤로 가서 나오는 글자를 쓰는 거지. 뒤로 두 칸 간다고 하면, A는 C가 되고, B는 D, E는 G가 되는 거야. 그러니까 'Be'는 'Dg'로 쓰면 되는 것이지."

제인이가 알아듣고 말했다.

"그럼 그걸 한글에 적용했다는 말이야? 한글은 자음과 모음이 있잖아."

치국이가 자신의 의견을 말했다.

"내 생각에 '콕방소'라는 부분이 도로명을 말하는 것이면, '소'가 '로' 대신 쓰인 것 같거든. 그럼 모음 'ㅗ'는 그대로 두고, 자음 'ㄹ'을 'ㅅ'으로 표현한 거니까, 뒤로 세 칸 움직여 나오는 글자로 암호를 쓴 거라고 할 수 있지. 즉 암호 키는 3이야."

영웅이가 눈이 반짝하며 말했다.

"그럼 암호를 풀려면 반대로 앞으로 세 칸 가면 되겠네."

"그렇지."

치국이가 대답하자, 하재가 나섰다.

"좋아, 해 보자."

하재는 얼른 종이에 ㄱ부터 ㅎ까지의 자음을 차례대로 썼다.

"먼저 '렼'부터 해 보자. ㄹ에서 앞으로 세 칸 가면 ㄱ. 그리고 ㅋ은 앞으로 세 칸 가면 ㅇ. 그럼 경인데!"

영웅이가 눈이 동그래져 말했다.

"경주의 경?"

하재가 계속하며 말했다.

"'투'도 해 보자. ㅌ에서 앞으로 세 칸 가면 ㅈ. 그럼 주. 맞네, 경주!"

제인이가 말을 이었다.

"'치'는 ㅊ에서 앞으로 세 칸 가면 ㅅ. 그럼 시. 렼투치는 경주시가 맞아."

졸업 여행, 아니 졸업 시험!

이번에는 영웅이가 해 보며 말했다.

"그럼 콕방소도 해 보자. ㅋ은 ㅇ이니까 용. ㅂ은 ㄷ, ㅇ은 ㅁ. 그럼 용담로다!"

두산이가 얼른 휴대전화로 인터넷 검색창에서 주소를 검색하며 말했다.

"그럼 경주시 용담로 79-41. 황성공원인데!"

"황성공원? 처음 듣는 곳인데? 경주에 그런 데도 있어?"

치국이가 묻자, 하재가 대답했다.

"나 거기 알아. 경주 시내 한가운데 있는 공원이야. 나도 가 보진 않았지만 신라 시대 화랑의 훈련장이었대."
"화랑이라면 신라 시대의 군대 아니야?"
두산이의 물음에 하재가 설명했다.
"명확하게 말하면 군대가 아니라 청소년으로 조직되었던 수양 단체라고 할 수 있지. 나라에 꼭 필요한 인재를 양성하는 교육 기관이라고도 할 수 있고. 옛 전통에 관한 지식을 가르치고, 각종 제전 및 의식에 관한 훈련도 시키고, 또 수렵이나 전쟁에 관한 지식도 가르쳤어. 그래서 신라의 안정과 발전에 기여한 인물들 중에는 화랑 출신이 많아."
두산이가 머리를 긁적이며 말했다.
"나도 경주에 두 번이나 가 봤는데, 황성공원에는 안 가 봐. 그런데 화랑들이 훈련받았던 곳이라니, 궁금하다."
제인이가 신나 말했다.
"여하튼 우리가 암호를 푼 거잖아."
"그렇지. 이렇게 빨리 풀 줄은 이 형사님도 모르셨을 걸. 헤헤헤."
영웅이도 신나 말했다. 그렇다. 이 형사도 아이들이 이렇게 빨리 암호를 풀 줄은 꿈에도 몰랐다. 아이들이 이 형사에게 전화를 하자 깜짝 놀라 물었다.
"정말? 벌써 풀었다고? 어딘데?"
영웅이가 대답했다.

"황성공원이요. 맞죠?"

정답이니 할 말이 없는 이 형사. 옆에 있던 공 교장도 놀라 말했다.

"오, 실력이 대단한데!"

영웅이가 정답을 알아낸 치국이를 얼른 치켜세웠다.

"치국이가 맞힌 거예요."

치국이가 쑥스러운 듯 말했다.

"아이 뭐. 다 같이 맞힌 거지."

잘난 척할 수 있는 상황인데도 이렇게 겸손한 말을 하다니. 치국이 참 많이 달라졌다.

"그럼 황성공원으로 가면 되는 거죠?"

제인이가 묻자 이 형사가 말했다.

"그래. 일단 황성공원으로 와. 다음 힌트는 도착해서 전화하면 줄게."

"또 힌트가 있어요? 시험이 왜 이렇게 길어요?"

치국이가 볼멘소리를 하자, 이 형사가 말했다.

"힘들면 졸업하지 말든지."

어 교감이랑 같이 지내더니 너무 비슷해진 이 형사. 어쩜 이렇게 짓궂을까. 전화를 끊자, 두산이가 말했다.

"차로는 경주역까지만 데려다 주신다니까 거기서 황성공원을 어떻게 갈지 찾아봐야 돼."

그러더니 인터넷 검색으로 교통편을 알아봤다.

"버스가 있네. 버스 타고 10분, 내려서 걸어가는 데 5분 정도 걸려."

지금 시간은 3시 30분. 제인이가 마음이 급해 물었다.

"아저씨, 경주역까지는 얼마나 걸려요?"

"글쎄. 1시간 30분 정도?"

그럼 5시쯤 도착한다는 말. 하재가 말했다.

"15분이면 가니까 6시까지는 충분히 갈 수 있겠네."

그러자 영웅이가 말했다.

"버스가 바로 와야 15분이지. 그리고 거기가 끝이 아니잖아."

치국이가 다급하게 외쳤다.

"그럼 어떡해. 아저씨, 빨리 좀 가 주세요!"

"빨리 가고 있어요. 하하하."

아저씨가 웃으며 대답했다. 그런데 영 빠르게 느껴지지 않으니, 마음이 다급해서 그런 것이 분명하다.

태대각간이 있는 곳으로!

드디어 경주역에 도착했다. 시간을 보니, 오후 5시 5분. 이제 남은 시간은 55분이다. 아저씨께 감사하다는 인사를 하고 나자, 두산이가 소리쳤다.

"빨리 버스 정류장으로 뛰어!"

아이들은 두산이를 따라 버스 정류장으로 뛰었다. 치국이가 다급하게 물었다.

"버스 언제 오지? 빨리 와야 되는데."

제인이가 버스 도착 알림판을 보고 말했다.

"5분 후 도착이야."

하재가 말했다.

"다행이다."

정확하게 5분 후, 황성공원행 버스가 도착했다. 아이들은 재빨리 버스를 탔다. 마음이 급해 그런지 10분이라는 시간이 참 길게 느껴졌다. 두산이가 말했다.

"버스에서 내리면 바로 뛰어야 돼. 알았지?"

드디어 버스가 정류장에 서고, 아이들은 재빨리 버스에서 내려 뛰기 시작했다. 버스 정류장에서 조금 내려가 길을 건넌 후, 공원 정문을 향해 쏜살같이 뛰었다. 마침내 황성공원에 도착. 시간은 오후 5시 26분. 영웅이가 숨을 헐떡이며 이 형사에게 전화했다.

"헉헉! 저희 황성공원에 도착했어요."

이 형사가 말했다.

"좋아. 그럼 마지막 문제. 태대각간이 있는 곳으로 와라."

"태대각간? 그게 뭐야?"

치국이가 어리둥절한 표정으로 묻자, 두산이가 말했다.

"태대각간? 혹시 대장간 아니야?"

"처음 듣는 말인데."

제인이도 고개를 갸웃했다. 하재는 잠시 생각했다.

'화랑들이 훈련을 받던 곳에 있는 태대각간이라……. 그게 뭐지?'

그런데 순간, 하재는 번뜩 생각이 났다.

"아! 태대각간!"

"뭐야? 알았어?"

아이들이 동시에 물었다.

"태대각간은 신라 시대의 관직 이름이야. 신라 시대에는 골품제라는 특별한 신분 제도가 있었어. 골품제는 크게 성골과 진골의 골제와 6등급의 두품제로 나뉘는데, 부모님의 신분에 따라 태어나면서 정해졌지. 그리고 골품제에 따라 관직의 직급, 집의 크기, 옷의 색깔까지 차별을 두었어."

하재가 대답하자 영웅이가 물었다.

"태대각간은 얼마나 높은 관직이었는데?"

"신라의 중앙 벼슬, 즉 관직은 17등급으로 구성되어 있었는데, 골품제에 따라 올라갈 수 있는 상한선이 엄격하게 구분되어 있었어. 진골 신분만이 1등급 이벌찬에서 5등급 대아찬까지 오를 수 있었고, 6두품은 17등급에서 6등급 아찬까지만 오를 수 있었지. 1등급 이벌찬은 각간이라고도 불렀는데, 신라 초기에는 제일 높은 관직이었어. 그런데 후에

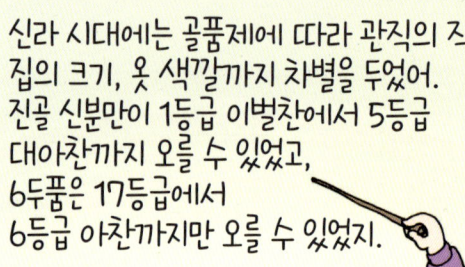

신라 시대에는 골품제에 따라 관직의 직급, 집의 크기, 옷 색깔까지 차별을 두었어. 진골 신분만이 1등급 이벌찬에서 5등급 대아찬까지 오를 수 있었고, 6두품은 17등급에서 6등급 아찬까지만 오를 수 있었지.

성골
가장 높은 신분. 부모 모두 왕족 출신인 경우가 많아. 화려한 옷을 입고 궁궐 같은 집에서 살지.

진골
왕족 및 최고위 귀족이 가진 신분. 1등급인 이벌찬에서 5등급인 대아찬까지 관직에 오를 수 있어.

6두품
왕족을 제외하면 가장 높은 신분으로 6등급 아찬까지 오를 수 있지.

5두품
집의 크기나 마굿간에 있는 말의 수에도 제한이 있어. 관직도 10등급인 대나마까지 오를 수 있지.

4두품
아무리 능력이 뛰어나도 12등급인 대사까지만 오를 수 있지.

집의 크기는 진골은 24척을 넘지 못하며, 6두품은 21척, 5두품은 18척, 4두품은 15척을 넘지 못하게 했지.

24척

21척

18척

15척

특별한 공을 세운 사람들에게 그보다 더 높은 대각간과 태대각간의 벼슬을 내렸지. 그러니까 태대각간은 신라에서 제일 높은 관직이었어."

하재가 설명하자 제인이가 물었다.

"그럼 이곳에 신라 시대 태대각간의 벼슬에 올랐던 사람이 있다는 거야?"

하재가 대답했다.

"응. 바로 김유신이야."

"김유신? 김유신 장군?"

치국이가 눈이 동그래져 묻자, 하재가 대답했다.

"맞아. 태종 무열왕 김춘추와 함께 신라가 통일을 이루는 데 큰 공을 세운 장군이지. 사실 신라의 삼국 통일은 굉장히 오랜 시간이 걸렸어. 신라는 6세기에 한강 유역을 차지하며 전성기를 맞았지만 여전히 고구려와 백제의 위협을 받고 있었지. 그래서 김춘추가 당나라와 손을 잡고 660년에 백제를 멸망시키고, 668년에는 고구려를 멸망시켰지. 675년에는 당나라와도 전쟁을 벌인 끝에 676년, 문무왕 때가 되어서야 삼국

김유신 장군에 대해 알아볼까?

김유신은 신라 최고의 장군이자 정치가였어. 증조할아버지가 금관가야의 구해왕이었는데, 법흥왕 때 신라에 투항하면서 신라의 진골 신분이 되었지. 15세에 화랑이 되었고, 그 후 신라의 통일 과정에서 여러 전투에 참여해 혁혁한 공을 세웠어. 태종 무열왕과는 친구로, 김유신의 누이동생 문희가 태종 무열왕의 왕비가 되었을 뿐 아니라, 김유신도 태종 무열왕의 셋째 딸 지소와 혼인을 하였지.

통일을 완성할 수 있었어. 그 과정에서 김유신은 많은 공을 세웠고, 그 공을 치하하기 위해 무열왕은 김유신에게 특별히 대각간의 관직을 내렸고, 다시 또 문무왕이 더 높은 태대각간의 관직을 내렸지."

"대단하다. 그럼 여기 김유신 장군의 묘가 있는 거야?"

영웅이의 질문에 하재가 언덕 위에 불쑥 나온 동상을 가리키며 말했다.

"묘가 아니라 동상이야. 김유신 장군의 동상!"

"정말!"

아이들도 보고 놀라 소리쳤다. 영웅이가 제일 먼저 달려가며 말했다.

"가자!"

아이들은 부리나케 뛰기 시작했다. 헉헉대며 긴 계단을 뛰어오르자, 드디어 동상이 나타났다. 그리고 그곳에서 이 형사와 공 교장이 기다리고 있었다. 이 형사가 시계를 보며 말했다.

"지금 시각이 오후 5시 45분. 6시 전에 도착했으니까 졸업 시험 통과!"

"야호!"

아이들은 좋아서 방방 뛰었다. 치국이가 새침한 표정으로 말했다.

"너무하시는 거 아니에요? 왜 매번 갑자기 시험을 봐요?"

이 형사가 어깨를 으쓱하며 말했다.

"미리 얘기한다고 준비할 수 있는 시험도 아니잖아. 실기인데."

맞는 말이긴 하다. 그때, 두산이가 번뜩 생각난 듯 물었다.

"맞다! 실기 시험은 통과했는데, 필기 시험 통과 못 하면 어떡해요?"

이 형사가 웃으며 물었다.

"왜? 필기 시험 통과 못 할 것 같아서?"

"네."

두산이가 기죽은 표정으로 말하자, 공 교장이 두산이의 어깨를 두드리며

말했다.

"걱정 마. 턱걸이하긴 했지만 통과했으니까."

"정말이요?"

두산이가 눈이 동그래져 묻자, 영웅이도 재빨리 물었다.

"그럼 저는요?"

"모두 다 통과!"

"야호!"

공 교장의 말에 모두 환호성을 질렀다. 아이들 모두 그 어렵다는 졸업 시험을 당당히 통과한 것이다.

화랑의 정신을 본받아라!

시험을 마친 후 공 교장이 아이들에게 선물을 하나씩 나눠 주며 말했다.

"자, 졸업 시험 통과 기념 선물!"

"감사합니다!"

아이들이 신나서 포장지를 벗겨 보니, 한자가 쓰여 있는 액자였다. 하재가 금방 읽고는 말했다.

"세속오계네요."

"세속오계? 그게 뭔데?"

영웅이의 질문에 하재가 설명했다.

"원광법사가 화랑들을 위해 만들고 가르친 다섯 가지 가르침이야. 사군이충, 임금을 충성으로 섬기고. 사친이효, 어버이를 효성스럽게 모시고. 교우이신, 친구를 믿음으로 사귀고. 임전무퇴, 전쟁터에서는 물러나지 말며. 살생유택, 살생을 가려서 하라."

공 교장이 말을 이었다.

"내가 이곳에 너희들을 부른 건 바로 이 화랑의 정신을 새겨 주고 싶어서야. 앞의 세 가지는 설명하지 않아도 알 테고. 전쟁에 나갈 일은 없겠지만 세상이 전쟁과도 같으니, 목표를 세우고 물러나지 않길 바란다. 또 살생을 할 일도 없겠지만 세상 모든 것을 귀하게 여기길 바란다."

공 교장은 학교를 떠나 세상으로 나아가는 아이들에게 나라와 부모와 친구, 그리고 이웃들에 대한 마음가짐을 다져 주고 싶었던 것이다. 아이들은 공 교장의 바람대로 앞으로 살아가면서 이 다섯 가지의 가르침을 항상 마음 깊이 새기고 살겠다고 다짐했다.

그렇게 졸업 시험이 훈훈하게 끝나고, 모두 함께 저녁을 먹으러 갔다. 그런데 하재가 재미있는 이야기를 꺼냈다.

"너희들 태종 무열왕 김춘추와 김유신이 어떤 관계인지 알아?"

"왕과 장군 사이라면서."

두산이의 대답에 하재가 말했다.

"그렇기도 했지만 더 가까운 사이였어. 김춘추가 김유신의 여동생 문희와 결혼했거든."

"정말? 어떻게?"

제인이가 놀라 묻자, 하재가 설명했다.

"김유신에게는 여동생이 두 명 있었거든. 첫째가 보희, 둘째가 문희였지. 김유신은 김춘추를 여동생과 결혼시키려고, 김춘추와 공차기를 하면서 일부러 그의 옷고름을 밟아 떼어 버렸어. 그리고 술이나 한잔하며 옷고름을 달자고 자기 집으로 데려갔지. 그런데 큰 동생 보희는 부끄러워서 나오지 않고, 적극적인 성격이었던 문희가 나와 김춘추의 옷고름을 달아 주었어. 결국 김춘추와 문희는 사랑에 빠졌고 결혼을 했다는 이야기가 전해지고 있지."

이 형사가 끼어들어 말했다.

"그러니까 용기 있는 사람만이 사랑을 쟁취할 수 있다는 말이지. 맞지, 영웅아?"

"네? 아, 네."

갑작스런 질문에 영웅이는 당황했다. 이 형사는 영웅이가 제인이를 좋아하고 있다는 것을 알고 있었던 것이다. 두산이도 왜 이 형사가 그런 말을 했는지 눈치챘다. 순간, 묘한 긴장감이 흘렀다.

그날 밤 잠자리에 들기 전, 영웅이는 두산이를 밖으로 불러냈다. 영웅이가 조심스럽게 말을 꺼냈다.

"두산아, 있잖아. 사실 나······."

두산이가 얼른 영웅이의 말을 막으며 말했다.

"네가 무슨 말을 하려는지 알아. 솔직히 나, 너랑 제인이가 서로 좋아하고 있는 거 알고 있었지만 그냥 모른 척했어. 미안하다! 영웅아."

"아니야. 내가 더 미안해. 나도 네가 제인이 좋아하는 거 같아서 마음 접으려고 했는데……."

영웅이의 말에 두산이가 영웅이의 어깨에 손을 얹으며 말했다.

"아니야. 생각 많이 해 봤는데, 너라면 괜찮을 것 같아. 그러니까 내 생각은 그만하고 용기 내서 제인이한테 고백해 봐."

멋지다, 백두산! 영웅이는 두산이의 어깨를 꽉 끌어안았다. 사랑을 넘어선 두산이의 우정이 정말 고마웠다.

졸업 여행 중에 갑자기 치러진 졸업 실기 시험. 문제를 잘 풀 수 있었던 것은 신라의 삼국 통일 과정과 골품제에 대해 잘 알고 있었기 때문이야.

신라의 삼국 통일

신라는 기원전 57년 박혁거세가 지금의 경주 지역을 중심으로 세운 나라야. 신라는 한반도의 동남쪽에 치우쳐 있는 데다 큰 산맥으로 둘러싸여 외부와의 접촉이 어려웠기 때문에 삼국 중에서는 가장 늦게 국가의 모습을 갖췄어. 6세기 진흥왕 때에 이르러서야 한강 유역을 차지하고, 중국과의 교통로를 확보하면서 비약적으로 발전하기 시작했지.

하지만 삼국을 통일하는 과정은 쉽지 않았어. 신라가 한강 일대를 차지하자 백제는 끈질기게 신라를 공격했어. 신라는 많은 영토를 잃고 어려움에 처하자 김춘추(훗날 무열왕)를 고구려에 보내 도움을 요청했지만 거절당했지. 그래서 김춘추는 중국의 당나라에 가서 백제를 함께 공격해 줄 것을 요청했어. 그

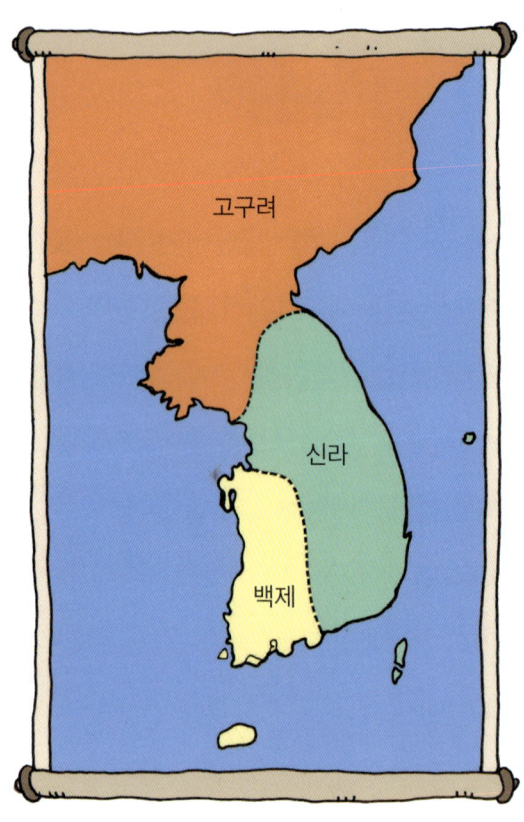

〈신라의 삼국 통일 당시 지도(7세기)〉

렇게 결성된 나당 연합군은 백제를 멸망시켰고, 이후 연개소문이 죽은 후 지배층의 분열로 힘이 약해진 고구려도 공격해 멸망시켰지. 그러나 그 후 당나라가 한반도를 모두 차지하기 위해 신라를 공격하자 백제, 고구려 유민들과 함께 이를 막아냈고, 태종 무열왕의 아들 문무왕 때에 이르러서야 삼국 통일을 이루게 되었어.

화랑도와 세속오계

화랑이란 '꽃처럼 아름다운 청년'이라는 뜻으로 신라 시대의 독특한 청소년 수련 단체야. 신라에는 마을마다 청소년들이 모여 함께 공부하고 몸과 마음을 단련하는 집단이 있었는데, 삼국 간의 전쟁이 격화되자 적과 용감히 싸울 수 있는 사람들이 많이 필요하게 되었고, 청소년들을 모아 '화랑도'라는 공식적인 국가 조직을 만들게 되었지.

〈화랑의 모습〉

화랑도는 귀족 출신의 화랑과 그를 따르는 낭도로 구성되었는데, 나라 곳곳의 유명한 산과 계곡을 다니면서 인격을 함양하고 무예를 익히며 서로 우애를 키워 나갔어. 또 신라 시대의 유명한 승려인 원광법사는 '화랑이 지켜야 할 다섯 가지 규범'을 만들었는데 이것을 '세속오계'라고 해.

〈세속오계〉

　화랑은 전쟁이 일어나면 나라를 위해 목숨을 바쳐 싸웠기 때문에 신라가 삼국을 통일하는 데 큰 공을 세웠어. 삼국 통일의 주축인 태종 무열왕 김춘추와 김유신 장군, 그리고 진흥왕 때 대가야 정복에 결정적인 공헌을 한 사다함도 화랑이었지.

💡 신라의 골품제와 관직

　신라는 골품제라는 독특한 신분 제도가 있었어. 사람들을 '골'과 '두품'으로 나누어서 신분을 정해 놓은 것이야.
　골품제에는 성골과 진골이라는 '골' 신분과 6두품부터 1두품까지 여섯 등급의 '두품'이라는 신분이 있었어. 두품 중에서는 6두품이 제일 높고 숫자가 작아질수록 신분이 낮아지지. 시간이 흐른 뒤 1두품에서 3두품까지는 없어지고 성골, 진골, 6두품, 5두품, 4두품, 평민 이렇게 신라의 골품제가 완성되었어.

성골은 가장 높은 신분으로 처음에는 부모가 모두 왕족인 성골만이 왕이 될 수 있었지. 진골은 부모 중 한쪽은 왕족이고 한쪽은 귀족인 경우야. 최고 벼슬인 이벌찬까지 오를 수 있고, 중요한 관직을 차지했지. 그리고 성골 출신으로 더 이상 왕위를 이을 수 없게 되자, 진골 출신이 왕이 되기도 했어. 6두품 이하는 각각 자신이 속한 계급에 따라 오를 수 있는 관직에 제한이 있었어. 아무리 뛰어난 재능을 가진 사람이라도 신분이 낮으면 높은 벼슬에 오를 수 없었지. 또 결혼도 같은 신분끼리 하는 것이 원칙이었고, 옷차림과 집의 규모, 심지어는 매일 사용하는 그릇까지도 골품에 따라 차별하였어. 이렇게 골품제는 신라인의 모든 생활을 지배하고 있었기에 신라를 골품제 사회라고 해.

〈신라의 골품제와 생활 모습〉

그러니까 생각해 봐. 졸업 여행지인 경주에서 갑자기 치러진 졸업 실기 시험. 어렵게 공 교장과 이 형사가 있는 곳을 찾아갔지만 마지막 문제의 답을 알 수 없었어. 하지만 신라의 골품제와 벼슬에 대해 생각한 결과, 김유신 장군이 태대각간이었음을 알아냈고, 졸업 시험을 통과할 수 있었지.

CSI, 함께 놀며 훈련하다!

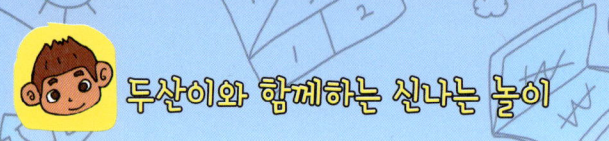 

❶ 자연재해를 막는 서명 운동

지금 전 세계에서는 심각한 자연재해가 끊임없이 발생하고 있어. 급변하는 기후 변화가 가장 큰 원인이지. 그러니까 기후 변화가 더 심각해지지 않도록 노력해야 돼. 국제 환경보호 단체인 그린피스의 서명 운동에 동참해 보자.

❶ 그린피스 홈페이지에 접속한다.

❷ '캠페인'에서 참여하고 싶은 활동에 들어가 '지금 서명하기'를 클릭한다.

❸ 자신이 참여하고 싶은 환경 보호 활동을 찾아 서명하고, 아래 표에 그 이유를 적어 본다.

서명 운동 종류	서명 운동에 동참한 이유
해양 보호 (해양보호구역 지정을 위한 서명)	
건강한 삶 (채소 한끼, 최소 한끼. 건강한 먹거리 캠페인)	
기후 (기후 위기를 막기 위한 서명)	
산림 (숲을 지키기 위한 서명)	
플라스틱 (미세플라스틱 퇴출 운동)	

❷ 자연재해 미리 알기

곧 일어날 자연재해를 미리 알고 대처한다면 피해를 최소화할 수 있겠지? 기상청 홈페이지에서 오늘의 기상 특보와 이에 따른 행동 요령을 알아보자.

❶ 기상청 홈페이지에 접속한다.

❷ '날씨' 코너의 '기상특보〉특보현황'을 클릭하여 현재 시간에 내려진 기상 특보 현황을 알아본다.

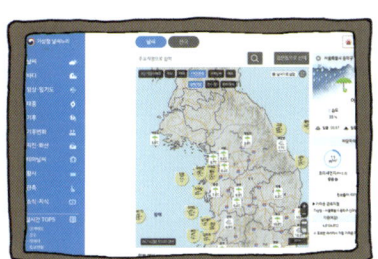
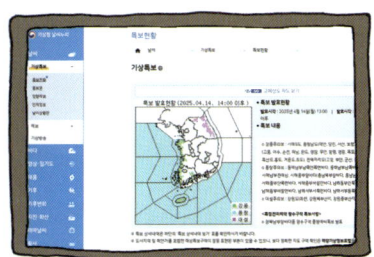

❸ '소식·지식' 코너의 '국민행동요령'을 클릭하여 기상 특보가 내려졌을 때의 행동 요령을 알아본다.

특보 날짜와 시간	예) 2017년 07월 29일 11시 00분 이후
특보 종류와 발효 지역	예) 폭염주의보: 대구, 경상남도(진주, 양산, 사천, 합천, 하동, 창녕, 함안, 의령, 밀양, 김해), 경상북도(청도, 경주, 김천, 고령, 경산, 영천, 구미), 전라남도(순천, 광양, 보성, 구례, 곡성)
국민 행동 요령	예) - 야외 활동을 자제한다. - 외출을 할 경우 챙이 넓은 모자 착용 및 가벼운 옷차림을 하고 꼭 물병을 휴대한다. - 물을 많이 마시되 너무 단 음료는 마시지 않는다.

CSI, 함께 놀며 훈련하다! 173

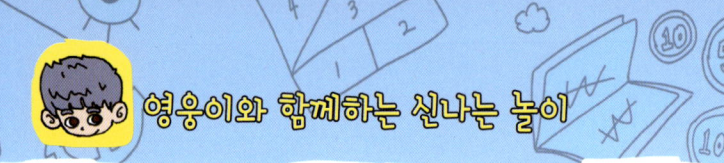 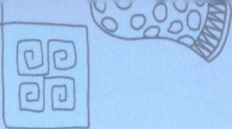

1 환경 기초 시설의 장단점

우리 주변에는 여러 가지 환경 기초 시설들이 있어. 환경 기초 시설들이 우리에게 제공하는 혜택과 발생할 수 있는 문제점에 대해 생각해 보자.

더러운 물을 화학적 방법이나 생물학적 방법으로 정화하여 하천이 오염되지 않도록 한다.		폐수와 폐수를 정화하기 위해 사용하는 화학 약품에서 악취가 날 수 있다.
재활용이 곤란한 쓰레기는 소각 같은 중간 단계를 거치거나 곧바로 땅속에 매립한다.		사고가 발생하면 인체에 치명적인 방사능 유출의 위험이 있다.
석탄과 석유 등을 연료로 해서 발생시킨 에너지를 전기 에너지로 변환시켜 필요한 전기를 공급한다.		쓰레기가 썩으면서 오염 물질이 흘러 나와 토양과 지하수를 오염시킬 수 있다.
원자력발전소에서 나오는 방사성 폐기물들을 수거하여 저장한다.		배기가스가 미세 먼지를 일으키는 원인이 될 수 있다.

❷ 지역 이기주의를 극복하는 방법은?

지역 이기주의를 극복하기 위해서는 어떻게 해야 할까? 합리적 의사 결정을 통해 지역 이기주의를 극복하는 방법을 찾아보자.

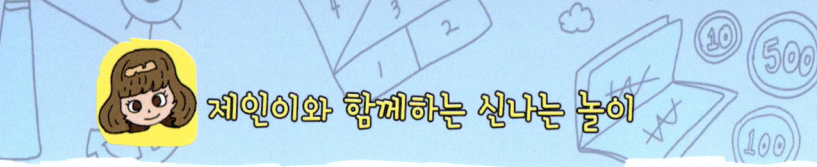

❶ 소비자의 권리 알아보기!

소비자가 물건을 구입하고 사용할 때 누릴 수 있는 권리는 법으로 정해져 있어. 사다리를 타고 가면 소비자의 권리를 알 수 있지.

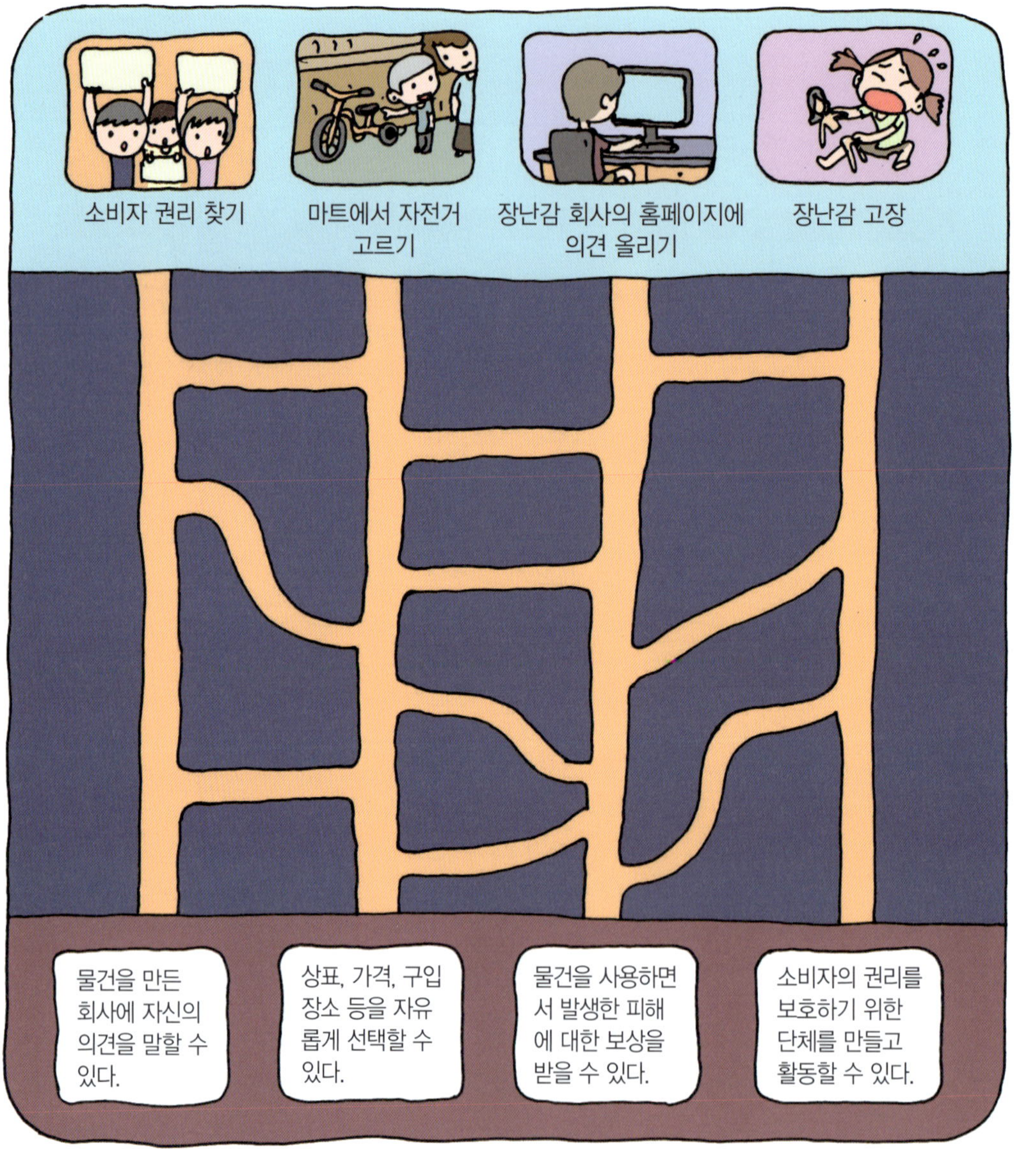

| 소비자 권리 찾기 | 마트에서 자전거 고르기 | 장난감 회사의 홈페이지에 의견 올리기 | 장난감 고장 |

- 물건을 만든 회사에 자신의 의견을 말할 수 있다.
- 상표, 가격, 구입 장소 등을 자유롭게 선택할 수 있다.
- 물건을 사용하면서 발생한 피해에 대한 보상을 받을 수 있다.
- 소비자의 권리를 보호하기 위한 단체를 만들고 활동할 수 있다.

2 스마트 컨슈머 되어 보기!

똑똑한 소비자가 되려면 어떻게 해야 할까? '소비자24' 홈페이지에 접속하면 상품에 대한 유용한 정보들을 얻을 수 있어. 프랜차이즈 치킨을 비교한 내용을 한번 확인해 볼까?

1. 소비자24 홈페이지에 접속한다.
2. '비교정보' 메뉴의 '비교공감'을 클릭한 후 '치킨'을 검색한다.
3. '[비교공감 제2022-20호] 프랜차이즈 치킨' 정보를 확인한다.

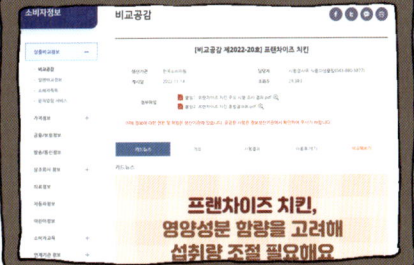

4. 비교 결과를 정리한다.

나트륨 함량이 가장 높은 치킨은?	
포화지방 함량이 가장 높은 치킨은?	
당류 함량이 가장 높은 치킨은?	
치킨을 먹을 때 주의해야 할 점은?	

CSI, 함께 놀며 훈련하다!

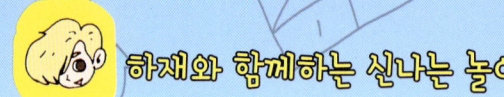

❶ 이야기 속에 담긴 세속오계를 찾아라!

신라 시대 삼국 통일에 공헌한 화랑들의 이야기가 많이 전해지고 있어. 이야기를 잘 읽고 이들이 지켰던 세속오계가 무엇인지 찾아보자.

[보기]   사군이충   사친이효   교우이신   임전무퇴   살생유택

이야기 1

관창은 황산벌 전투에서 전사한 신라의 화랑이야.
나당 연합군이 백제를 칠 때 황산벌에서 홀로 적진에 뛰어들어 싸우다 잡혔는데 백제 장군 계백은 어린 관창의 용맹에 탄복해 살려 보냈어. 하지만 관창은 다시 백제군 진영으로 뛰어들었고, 결국 죽음을 맞았지. 신라군은 이에 분노해 총공격을 퍼부었고, 황산벌 전투에서 신라가 승리할 수 있었어.

이야기 2

화랑 사다함은 신라가 가야국을 정벌할 때 큰 공을 세운 인물이야. 그 공으로 가야인 포로와 땅을 받게 되었지만 밭은 병사들에게 주고, 포로는 모두 풀어 주었다고 해. 사다함은 어릴 때 단짝 친구인 무관랑과 우정을 맺어 죽음까지 함께하기로 맹세했는데, 무관랑이 병으로 죽자 7일 동안 통곡을 하다 젊은 나이에 세상을 떠났어.

❷ 신라 박사 되기

가로 열쇠, 세로 열쇠를 잘 읽어 보고 낱말 맞추기를 해 봐. 신라의 삼국 통일 과정과 화랑도, 골품 제도에 대해서 더 잘 알 수 있어. 신라 박사가 되는 거지.

〈가로 열쇠〉
❶ 고구려는 ○○○○이 죽은 후 지배층의 분열로 멸망의 길을 겪게 되었어.
❷ 백제를 멸망시켜 삼국 통일의 기틀을 마련한 신라 왕은 태종 ○○○이야.
❸ 꽃처럼 아름다운 청년이라는 뜻을 가진 신라 시대의 청소년 수련 단체는?
❹ 몰락한 가야의 왕족 출신이지만 실력으로 이를 극복하고 삼국 통일을 하는 데 큰 공을 세운 장군은?
❺ 성골과 함께 신라의 최고 신분이며, 벼슬의 제한이 없었어.

〈세로 열쇠〉
❶ 백제와 고구려를 치기 위해 신라와 당나라가 연합하여 구성한 군대의 이름은?
❷ 세속오계의 하나로 싸움에 임해서는 물러섬이 없다는 계율은?
❸ 한강 유역을 차지하여 삼국 통일의 기틀을 닦은 왕은?
❹ 삼국을 통일한 국가는?
❺ 사람을 '골'과 '두품'으로 나누는 신라의 독특한 신분 제도는?

찾아보기

ㄱ
경주 135
고용노동부 102
곡류천 20
골품제 151, 152, 162
공청회 77
교우이신 157
김유신 153

ㄴ
님비 현상 75, 87

ㄷ
다보탑 136

ㅂ
바나나 현상 88
부도 33
블랙 컨슈머 113, 128

ㅅ
사군이충 157
사친이효 157
살생유택 157
성골 163
세속오계 157, 161
소비 126
소비자의 책임과 권리 127

ㅆ
쓰레기 소각장 74

ㅇ
앱 94
연평균 강수량 38
유전자 검사 28
임전무퇴 157

ㅈ
자연재해 38, 40, 48
장마 49
지역 이기주의 87
진골 163

ㅊ
침식작용 20

ㅋ
카이사르 암호 144

ㅌ
태대각간 151
태풍 48
퇴적작용 20

ㅍ
폭설 48
핌피 현상 87

ㅎ
홍수 48
화랑 147, 161
화이트 컨슈머 128
환경 기초 시설 75, 86
황사 48
황성공원 147

정답

174쪽

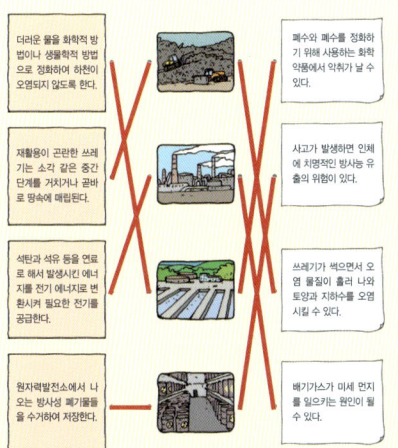

175쪽

176쪽

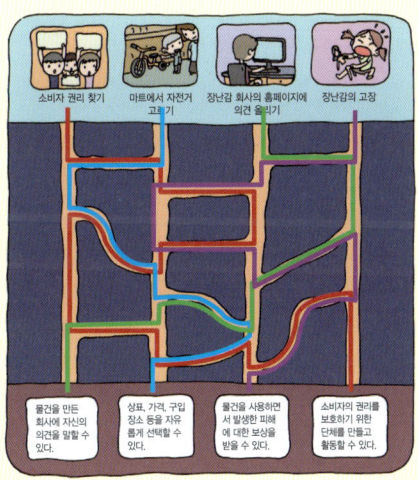

178쪽

이야기 1) 임전무퇴
이야기 2) 교우이신

179쪽